LES

PETITS PAPIERS SECRETS

DES

TUILERIES & DE SAINT-CLOUD

TABLE DES MATIÈRES.

LES

PETITS PAPIERS SECRETS

DES

TUILERIES ET DE SAINT-CLOUD

ÉTIQUETÉS

PAR

UN COLLECTIONNEUR

2E PARTIE

DE L'ÉDITION COMPLÈTE

Bruxelles

CH. ET A. VANDERAUWERA, ÉDITEURS

8, RUE DE LA SABLONNIÈRE

LIBRAIRIE UNIVERSELLE DE J. ROZEZ

87, RUE DE LA MADELEINE.

1871

Bruxelles. — Imp. de Ch. et A. Vanderauwera.

LES PETITS PAPIERS SECRETS DES TUILERIES

2me PARTIE.

La politique extérieure.

Si nous avions à mettre en ordre une collection de tableaux, nous rangerions un peu au hasard le long des murs l'histoire et le genre, le portrait et le paysage, sans autre souci que de remplir les vides et de placer autant que possible chaque tableau dans son jour. Mais il s'agit ici d'une collection de petits papiers, qu'il importe de rapprocher par catégories si l'on veut leur donner une véritable signification politique au lieu d'un vain intérêt de curiosité passagère. C'est la raison pour laquelle nous avons retardé jusqu'aujourd'hui la publication de ce volume, afin d'avoir à étiqueter une collection plus intéressante.

Nous allons d'abord tâcher de saisir la pensée politique du Bas-Empire dans les rapports intimes du cabinet des Tuileries avec les nations étrangères.

*
* *

La candidature Hohenzollern.

On s'imaginait généralement que la candidature du prince de Hohenzollern pour le trône d'Espagne avait surgi tout à fait à l'improviste, sous l'administration de M. Émile Ollivier, et que l'Empereur s'était vu engagé dans une guerre à ce sujet sans avoir même eu le temps de songer à préparer ses alliances. Eh bien ! la lettre suivante, qui porte la date du 17 *novembre* 1869, atteste à toute évidence que la candidature Hohenzollern était depuis lors sur le tapis et que, si l'on avait eu la moindre prévoyance aux Tuileries, l'on aurait eu parfaitement le temps de se préparer à tout événement :

A l'Empereur.

17 novembre 1869.

« Sire,

» J'ai l'honneur de placer sous les yeux de Votre Majesté une lettre confidentielle et deux documents qui traitent des diverses candidatures au trône d'Espagne. L'auteur demande un prince *quelconque* majeur et capable; *mais en réalité, c'est le prince Léopold de Hohenzollern qui semble avoir ses préférences.*

» L'Empereur trouvera peut-être utile de se faire rendre compte de ces pièces.

» Je suis, etc.

» Signé : Drouyn de Lhuys. »

L'Empereur s'est-il fait rendre compte de ces pièces? C'est ce que l'on ignore. Toujours est-il qu'il n'a nullement préparé la France à la guerre qu'il avait l'intention de soutenir au sujet de la candidature espagnole et qu'ainsi la France s'est vue, sept ou huit mois après, livrée pieds et poings liés à la Prusse.

Que dire, après cela, de cette indignation de commande qui s'est emparée du gouvernement de l'Empereur lorsque, au mois de juillet 1870, il lui a plu de voir un *casus belli* tout à fait inattendu dans la candidature Hohenzollern?

Cela rappelle littéralement l'histoire du monsieur qui empoche un soufflet sans mot dire, et qui prend la mouche après six mois de salle d'armes, lorsqu'il se croit en état de se mesurer avec son adversaire. — Avec cette différence toutefois que, dans le cas présent, l'Empereur n'a pas même pris de leçons d'armes, c'est-à-dire qu'il n'a pas préparé l'armée à la campagne qu'il méditait.

On n'est pas plus inepte ou plus coupable.

*
* *

Neutralisation des provinces rhénanes.

Mais le pauvre homme n'était pas averti peut-être; il ne se doutait pas de ce qui lui pendait au nez, il ne pouvait s'imaginer que la Prusse aurait jamais pris en Allemagne une prépondérance telle que sa constitution nouvelle fût un danger pour la France!

On va voir, au contraire, qu'il était averti depuis 1866, et que M. Drouyn de Lhuys lui avait démontré dès lors qu'après la sottise faite par lui de laisser écraser l'Autriche, dans l'espoir que M. de Bismarck lui décernerait bénévolement la frontière du Rhin comme prix de sagesse, il n'y avait plus que la politique des tampons pour mettre la France à l'abri de l'invasion.

Cette politique, dont il a été parlé à diverses reprises dans ces dernières années, consistait à obtenir de la nouvelle Allemagne qu'elle voulût bien consentir à mettre une agrafe à la ceinture de neutralité de la France formée par la Suisse et la Belgique, en neutralisant les pays allemands situés sur la rive gauche du Rhin; elle est exposée dans la note suivante de M. Drouyn de Lhuys.

« Paris, 8 août 1866.

» La politique de la France est guidée par un désir manifeste de maintenir avec la Prusse des relations amicales. Pour que la continuation de cette politique soit possible, pour que le gouvernement impérial puisse la faire accepter par l'opinion publique, il faut que l'alliance des deux nations repose sur leur situation réciproque n'impliquant pour aucune d'elles ni préjudice, ni menace. Or, il serait inutile de dissimuler que les transformations qui s'accomplissent en Allemagne modifient sensiblement l'équilibre de forces dans lequel la France a trouvé, depuis 1815, sa seule sécurité.

» C'est donc un devoir pour l'empereur Napoléon de rechercher d'autres garanties, et ce n'est qu'à la condition de se mettre d'accord sur ce point avec la cour de Berlin qu'il pourra donner à ses bons rapports avec elle un caractère vraiment durable. Le cabinet des Tuileries n'est point poussé par l'ambition d'englober sous ses lois des territoires en dehors des limites de la France, et encore moins de populations de nationalité étrangère : ses déclarations réitérées, son attitude invariable dans les complications européennes, le mettent à l'abri de soupçon de ce genre. Si donc il était amené à demander aujourd'hui une extension de frontières pour la France, il n'y serait contraint que par l'impérieuse nécessité de veiller à la défense nationale.

» En effet, devant les agrandissements que va recevoir Prusse et qui résultent pour elle, non-seulement d'annexions territoriales considérables, mais encore d'une organisation politique qui la rendra l'arbitre toute-puissante de l'Allemagne, on reconnaîtra que la sécurité du territoire de la France serait gravement compromise, et que le gouvernement impérial serait autorisé à réclamer des positions équivalentes.

» Cependant une combinaison différente se présente à l'esprit, qui, sans soulever les mêmes objections, atteindrait le même but.

» Ce qu'il faut à la France, c'est une protection sur ses frontières, car il lui sera plus aisé d'entretenir avec ses voisins les relations cordiales qu'elle s'attache à conserver, lorsqu'elle n'aura rien à craindre de leur prépondérance. Le meilleur moyen d'assurer ce résultat ne consisterait-il pas dans l'interposition d'un Etat neutre qui, comprenant les pays allemands situés sur la rive gauche du Rhin, supprimerait à la fois tout contact et toute cause de rivalité entre la France et la Prusse?

» La formation d'un tel Etat, en reculant un voisinage facilement redoutable, permettrait à la France de renoncer aux revendications territoriales et de rester dans une ligne de conduite plus conforme aux principes comme aux inclinations de son gouvernement. L'Europe verrait avec satisfaction les occasions d'un conflit entre deux grands peuples définitivement éloignées, grâce à un établissement conçu dans l'esprit même qui a présidé à l'organisation de la Suisse moderne et de la Belgique.

» Le nouvel Etat trouverait dans l'homogénéité des populations de la Prusse, de la Hesse et de la Bavière rhénane, dans l'unité du territoire, dans le nombre et la richesse des habitants, d'excellentes conditions de vitalité tandis que la neutralité perpétuelle, garantie par les puissances limitrophes, le mettrait à l'abri de tout danger extérieur.

» La Prusse pourrait, sans démentir les principes qui font sa force, admettre l'existence autonome d'un Etat purement germanique, séparé politiquement de l'Allemagne nouvelle qu'elle veut créer, mais restant en communion intellectuelle avec ce grand pays. Les acquisitions qu'elle se prépare à faire dans les pays occupés par ses armes lui offrent des compensations matérielles qui couvriraient amplement le sacrifice territorial auquel elle se prêterait, et l'accroissement de sa puissance compacte lui permettrait de souscrire sans détriment à un pareil échange.

» En résumé, la combinaison dont il s'agit, honorable pour toutes les parties, compatible avec les principes des deux cours alliées, basés sur des précédents que la prudence des cabinets de l'Europe a établis et qui ont reçu la sanction du temps, présente la sauvegarde la plus efficace des intérêts mutuels de la France et de l'Allemagne. Si le cabinet de Berlin tient sincèrement à l'amitié du gouverment français, il doit éviter d'asseoir dans des positions offensives la formidable puissance militaire dont il va disposer, et dont l'extension sur les frontières mêmes de la France, telles que les traités de 1815 les ont faites, serait une menace permanente. La nation française, provoquée par le sentiment de sa propre conservation, réagirait bientôt avec une force irrésistible contre ce danger, et la sagesse des gouvernements serait impuissante à modérer les passions rivales qui pousseraient l'une contre l'autre deux grandes nations.

» Ce système répond donc aux nécessités des deux pays ; il exclut les accroissements de force offensive compromettants pour l'un ou pour l'autre, et élève entre eux un rempart qui écarte à jamais toute menace pour l'un d'eux, tout péril pour leur alliance. »

*
* *

La France garrottée.

Si la proposition dont il est parlé ci-dessous, a été soumise à M. de Bismarck, on s'imagine facilement l'accueil que dût y faire le Méphisto prussien, dont le rictus satanique a sans doute plus d'une fois troublé le sommeil de la tribu nomade qui campait aux Tuileries. Il n'y avait évidemment là rien de pratique, et il fallait chercher ailleurs, la situation devenant de plus en plus pressante.

Le petit papier que voici date du 16 juin et porte la signature du même M. Drouyn de Lhuys, l'homme des consultations plus ou moins gratuites :

« ..... Il ne faut pas se faire illusion sur la réalité des

choses. Aujourd'hui, la France est garrottée dans ses anciennes limites et l'Allemagne a ses coudées franches pour s'agrandir. La France ne peut s'étendre, ni du côté de l'Espagne, la géographie le défend; ni du côté de l'Italie, pour la même raison; ni du côté de la Suisse, elle y rencontre la barrière de la neutralité garantie par l'Europe; ni du côté de la Belgique, par la même cause.

» Restait de Luxembourg, où nous venons de contribuer à élever contre nous le même obstacle.

» L'Allemagne (ou *la Prusse, car ces deux mots sont devenus presque synonymes*) peut s'étendre, au contraire, vers la Hollande, en prenant les places de la Meuse, Rotterdam et d'autres bonnes positions; — vers le Danemark, où elle peut envahir le Jutland, etc.; — vers l'Autriche, dont elle peut détacher la partie allemande; — vers la Russie, où elle trouve les contrées quasi allemandes de la Livonie, de l'Esthonie, de la Courlande. De tous côtés, point de garantie européenne.

» Lorsque l'empereur Napoléon Ier préconisait le système des grandes agglomérations européennes, il avait eu soin de commencer par la France, dont il avait complété le système territorial, en y rattachant les plus fortes positions militaires et maritimes.

» Aujourd'hui, sauf Nice et la Savoie, nous avons nos frontières de 1815, les frontières de la défaite, tandis que les forces de l'Allemagne ont décuplé en se condensant, et qu'une grande marge leur reste encore..................... »

*
* *

Les quatre désirs de 1867.

Ce pauvre Empire était-il donc à plaindre dans ses frontières de 1815, et que n'eût-il fait pour en sortir!

M. Drouyn de Lhuys revient à la charge :

« 24 juin 1867.

» ..... La France avait manifesté quatre désirs :

» 1° Que les petites dynasties allemandes spoliées par la Prusse, sous les auspices de la médiation de l'Empereur, fussent du moins traitées avec quelques ménagements;

» 2° Que la nationalité des habitants des districts danois du Schleswig fût respectée;

» 3° Que la Confédération du Sud de l'Allemagne eût une existence distincte et séparée;

» 4° Que le Luxembourg, s'il n'était pas français, ne devînt pas allemand.

» Que s'est-il passé pendant et après le séjour du roi de Prusse et de M. de Bismarck à Paris? Quel compte a-t-on tenu de ces vœux légitimes?

» 1° La maison de Hanovre a été l'objet des plus rigoureuses persécutions;

» 2° Les Danois du Schleswig ont été plus que jamais opprimés et pourchassés;

» 3° Pendant que des traités d'alliance *offensive* et défensive rattachaient la Confédération du Sud à celle du Nord, et la plaçaient, en cas de guerre, sous le commandement de la Prusse, une convention soumettait toutes les questions commerciales, entre le Nord et le Sud, à la décision d'une assemblée où la Prusse compte 29 voix contre 8; c'est-à-dire que l'inféodation militaire et économique s'accomplissait au mépris du traité de Prague.

» En même temps, la Prusse occupe Mayence qui ne lui appartient pas et qui n'est pas même situé sur le territoire de la Confédération du Nord.

» Enfin elle prépare la création ou le développement de plusieurs places de guerre, et se réserve le droit de comprendre dans sa Confédération la portion de la Hesse en deçà du Mein, malgré la lettre du traité.

» 4° Elle s'apprête à germaniser le Luxembourg, en le faisant entrer dans les liens plus étroits du nouveau Zollverein : ce que le roi des Pays-Bas avait considéré, en 1841, comme l'équivalent d'une absorption..... »

Ah! ces traités « détestés »! dont le célèbre discours d'Auxerre avait retenti si bruyamment. Que faire? que faire?

*
* *

L'entrevue de Salzbourg.

Louis-Napoléon, la tête troublée, se résigna à

aller sonner à la porte de l'Autriche, et il se disposa à se rendre à Salzbourg pour s'y rencontrer avec l'empereur Maximilien. Voici la note que lui remit le même conseiller au moment du départ.

16 août 1867.

La force de la France consiste en ce point qu'elle est le plus grand Etat de l'Europe composé d'une seule race, et la plus grande race formant un seul Etat. Il existe d'autres races plus nombreuses, mais elles sont divisées en plusieurs Etats; il existe des Etats plus vastes, mais ils sont composés de différentes races.

L'intérêt de la France est de maintenir cette situation et ce rapport : elle doit empêcher les grands Etats d'absorber les petits et de contraindre les fractions de grandes races à s'unir en un seul corps. Elle ne doit pas désirer que de grandes agglomérations se forment, avant du moins qu'elle n'ait acquis elle-même son maximum de puissance et de sécurité territoriale.

Dans ce système, qui est le vrai, la France pouvait tirer de l'Autriche un parti très-utile, en la limitant, mais en la soutenant.

Les guerres de l'ancienne monarchie, de la république et du premier empire avaient assez réduit l'Autriche; le conflit intérieur et permanent des éléments divers de la population, les rivalités de la Prusse en Occident, de la Russie en Orient, la contenaient assez pour que notre sûreté ne fût pas sérieusement menacée par elle.

Dans ces conditions, elle nous rendait le grand service de diviser les races allemande, italienne et slave.

Par la guerre d'Italie d'abord, puis par notre conduite récente dans les affaires d'Allemagne, nous avons porté de terribles coups à cette vieille monarchie. Si sa dislocation s'achevait, chacun de ses fragments irait se réunir au groupe respectif avec lequel il a une affinité d'origine.

Ce n'est pas assurément ce qu'on a voulu; on ne s'était pas proposé de fondre en un seul Etat compacte tous les Italiens ou quasi-Italiens; de constituer l'unité allemande et de préparer le panslavisme.

Aussi se préoccupe-t-on de chercher les moyens de sauver du naufrage les débris de l'empire d'Autriche.

Pourrait-on l'aider par la force à reprendre en Allemagne la position qu'on a cru impossible de lui conserver il y a un an? Assurément non. *Aujourd'hui l'unité allemande est faite. Les Etats et les dynasties qui repoussaient l'hégémonie prussienne devront désormais la subir totalement.* Ce n'est pas, comme en 1866, contre la Prusse, avec des alliés allemands (Saxons, Hanovriens, Bavarois, Wurtembergeois) qu'il faudrait aujourd'hui combattre, mais bien contre l'Allemagne, avec des alliés autrichiens (Hongrois, Croates, etc., etc.). On ne saurait y songer.

L'empire d'Autriche, comme compensation de ses pertes, cherchera-t-il des acquisitions en Orient, aux dépens de la Turquie, et lui offrirons-nous notre assistance pour atteindre ce but? Cela est impossible. Ce serait violer les traités, nous brouiller avec l'Angleterre et réunir dans une formidable alliance les cabinets de Londres, de Saint-Pétersbourg, de Constantinople et celui de Berlin, qui, sous couleur de défendre l'intégrité de l'empire ottoman, écraserait l'Autriche. Qu'y gagnerions-nous d'ailleurs? Quels seraient pour nous les fruits de la guerre? En Orient, nos acquisitions seraient coûteuses et précaires; en Occident, difficiles et disputées par l'Europe entière, car elles seraient injustifiables.

Il faut bien le dire, la base manque aujourd'hui pour un arrangement de quelque importance avec l'Autriche.

Eviter les irritations en Allemagne, sans s'abaisser par de pusillanimes condescendances, tel semble devoir être, en définitive, le programme du voyage de Salzbourg.

*
* *

L'unification de l'Allemagne.

Aucun arrangement n'était plus possible avec l'Autriche, on s'en apercevait alors!

En ce moment, l'unification de l'Allemagne était en pleine réalisation, et M. Drouyn de Lhuys constatait dans les provinces rhénanes qu'on s'y moquait des feintes sympathies de la France, et que l'ombrageux orgueil du succès commençait déjà à enfler les populations :

« 26 septembre 1867.

» ..... Je viens de passer un mois sur les bords du Rhin. Les provinces rhénanes jouissent d'une prospérité inouïe et toujours croissante. Elles sont devenues fières de leur gouvernement. La guerre, il y a quinze mois, pesait sur elles d'un poids énorme et intolérable ; mais l'orgueil du succès a effacé le souvenir des sacrifices. Personne, en Allemagne, ne croit à nos sympathies : toutes les protestations de notre gouvernement ne rencontrent qu'une froide et moqueuse incrédulité. Mieux vaudrait le silence, car nous avons beau dire, on nous fait l'honneur de penser qu'au fond nous ne sommes pas contents de la situation qui nous est faite.

» On croit à l'*unification* de l'Allemagne : il n'y a de doute que sur le mode. Se fera-t-elle par l'action régulière du cabinet prussien, ou par un effort de la démocratie ? Il y a concurrence entre ces deux pouvoirs ; c'est à qui des deux s'assurera l'honneur et l'avantage de ce triomphe. De là, pour l'entreprise, une double chance de succès.

» Voilà le résumé de mes impressions de voyage. Mais je dois ajouter que tous les touristes ne sont pas de mon avis ; témoin le correspondant dont je joins ici deux lettres. Je persiste à croire qu'il se trompe et que la Prusse surmontera les difficultés qui peuvent surgir en Allemagne..... »

*
* *

L'incident franco-belge.

En 1869 éclata ce qu'on a appelé l'incident franco-belge, incident trop récent et trop bruyant pour que le souvenir en soit effacé dans les esprits.

L'affaire du Luxembourg avait fait comprendre qu'en cas de conflit entre la France et l'Allemagne, la première de ces deux nations qui pourrait s'emparer des voies ferrées stratégiques dont la ville de Luxembourg est la clef, aurait immanquablement l'avantage sur l'autre.

Le gouvernement impérial se servit de la Société de l'Est pour tâcher de s'assurer sous main le droit de parcours sur les lignes belges en communication avec Luxembourg, et c'est alors que certains hommes politiques, flairant une bonne affaire pour eux, se crurent en position de mettre le marché à la main au cabinet de M. Frère, en lui disant : Vous allez reprendre la ligne du Luxembourg qui va cahin-caha; sinon, nous la remettons à la Compagnie de l'Est français.

M. Jamar répondit : *Jamais!* et le cabinet rédigea immédiatement un projet de loi qui fut voté d'urgence par les Chambres, et d'après lequel le gouvernement se réservait de rendre impossible des marchés de ce genre.

M. de Balan éclata de rire à la barbiche de M. de La Guéronnière, et M. de Bismarck se frotta les mains d'aise.

Mais l'Empire se fâcha, et M. Frère-Orban se vit obligé d'aller dîner avec l'Impératrice et danser un cotillon chez la princesse Mathilde pour tâcher d'expliquer son affaire.

Ici encore nous voyons revenir M. Drouyn de Lhuys sur la brèche pour tâcher de faire comprendre à l'aigle de Strasbourg qu'au cas même où il eût pu s'emparer de la Belgique il eût fait une mauvaise affaire, attendu que l'Allemagne s'adjugerait aussitôt la Hollande :

« Paris, 5 avril 1869.

« L'incident franco-belge a jeté dans le public des préoccupations qu'il n'est pas inutile de bien connaître. Si les négociations qui vont s'ouvrir cachent des arrière-pensées d'annexion, il y a lieu, dès à présent, de ne se faire aucune illusion sur la situation qui en résultera pour la France vis-à-vis des cabinets étrangers.

» L'Angleterre, cela n'est pas douteux, protestera. Elle est sérieusement attachée à la petite nationalité belge; de plus, il est de tradition chez elle de considérer l'occupation du port d'Anvers par la France comme un événement très-préjudiciable à son influence maritime.

» L'Autriche ne verra pas non plus, sans un vif déplaisir, la France réaliser un agrandissement territorial qui porterait sur une des plus belles provinces de l'ancien empereur d'Allemagne, et qui entraînerait la chute d'un souverain allié à la fille de l'archiduc Joseph, palatin de Hongrie.

» La Russie, sans avoir dans la question, à ces divers points de vue, des intérêts aussi directs que l'Angleterre et l'Autriche, montrerait cependant un égal mécontentement : Les principes du droit divin qui règnent dans cette cour, et d'autres circonstances encore, ne manqueraient pas de lui communiquer des impressions fâcheuses au sujet d'une annexion qu'elle considérerait tout au moins comme une grave infraction aux traités internationaux.

» Mais ce qu'il importe surtout de rechercher, c'est l'attitude que prendrait la Prusse. Or, il n'y a pas à s'y tromper, le jour où la France annexera la Belgique, la Prusse occupera la Hollande.

» Aux remontrances que lui fera l'Europe, le cabinet de Berlin répondra : « Je n'ai voulu, en occupant la Hollande, que m'assurer des garanties contre les ambitions » de la France. Que si les grandes puissances veulent se » réunir à moi pour protéger la nationalité belge, placée » sous une garantie collective qui a été renouvelée par le » traité de Londres en 1867, je suis prêt à participer » à une guerre qui aura pour but de faire rentrer le » gouvernement de l'Empereur dans l'exécution de ses » engagements les plus précis. Mais, sans cela, je » ne puis admettre que l'occupation de la Hollande » par la Prusse constitue une violation des traités » plus formelle que l'occupation de la Belgique par la » France. »

» Ainsi, cet agrandissement territorial ne pourrait aboutir qu'à l'un ou à l'autre de ces deux résultats : ou une coalition formidable contre la France, ou la réunion de la Hollande à l'Allemagne du Nord.

» Or, l'avantage que l'on retirerait de la possession de la Belgique serait-il en proportion de semblables dangers? On ne le pense pas.

» Napoléon Ier subordonnerait formellement l'utilité de cet agrandissement, et même de la ligne du Rhin, au maintien de la Confédération germanique. Quand il n'était encore que général de la République française, Bonaparte écrivait au Directoire, le 26 mai 1797 :

« Culbuter le corps d'Allemagne, *c'est perdre l'avantage de la Belgique et de la limite du Rhin :* car c'est
» mettre là dix ou douze millions d'habitants dans les mains
» de ces deux puissances (Autriche et Prusse), dont nous
» nous soucions également. *Si le corps germanique n'existait pas, il faudrait le créer tout exprès pour nos convenances.* »

» Cette opinion n'a pas été, comme on pourrait le croire, un accident dans les conceptions politiques de Napoléon Ier ; il y revient, sous une forme plus générale, dans le passage suivant de ses mémoires : « Il aurait été plus
» utile à la France que l'Allemagne, outre l'Autriche et
» la Prusse, eût été partagée en trois autres monarchies
» assez puissantes pour défendre leur nationalité et con-
» tenir l'ambition de l'Autriche, de la Prusse et de la
» France même. »

» Que conclure de ces citations, si ce n'est que dans l'opinion de Napoléon Ier, la possession de la Belgique et des provinces rhénanes serait une compensation insuffisante du dommage résultant pour la France du partage de toute l'Allemagne entre l'Autriche et la Prusse? Or que pourrait-il en voyant l'Allemagne entière entre les mains de la Prusse accrue de la Hollande, et débarrassée de la rivalité de l'Autriche, en face de la France agrandie seulement de la Belgique?

» DROUYN DE LHUYS. »

Las de danser, M. Frère-Orban revint à Bruxelles, et il annonça à la Chambre qu'il avait parfaitement expliqué son affaire à Paris. Elle était, en effet, arrangée, et M. de Balan, du haut de la tribune diplomatique, se frotta les mains derechef en présence de son collègue M. de La Guéronnière qui, peu après, se vit réduit à solliciter de l'avancement pour faire accroire au monde qu'il avait obtenu à Bruxelles un grand succès diplomatique. C'est ainsi qu'il partit pour Constantinople.

*
* *

Le traité Benedetti.

En ce temps-là M. Benedetti intriguait à Berlin, toujours dans le but d'obtenir des compensations pour la France bernée par la politique de M. de Bismarck, et le maladroit proposait à celui-ci, — ou se faisait dicter par lui et écrivait de sa propre main — le projet de traité ci-dessous, dont nous avons déjà dit un mot dans notre premier volume :

« Sa Majesté le roi de Prusse et Sa Majesté l'empereur des Français jugeant utile de resserrer les liens qui les unissent et pour consolider les rapports de bon voisinage, heureusement existant entre les deux pays ; convaincus, d'autre part, que pour atteindre ce résultat, propre d'ailleurs à assurer le maintien de la paix générale, il leur importe de s'entendre sur les questions qui intéressent leurs relations futures, ont résolu de conclure un traité à cet effet et ont nommé, en conséquence, pour plénipotentiaires savoir : Sa Majesté, etc., et Sa Majesté, etc., lesquels, après avoir échangé leurs pleins pouvoirs, trouvés en bonne et due forme, sont convenus des articles suivants :

» Art. 1er. S. M. l'empereur des Français admet et reconnaît les acquisitions que la Prusse a faites à la suite de la dernière guerre qu'elle a soutenue contre l'Autriche et les alliés.

» Art. 2. S. M. le roi de Prusse promet de faciliter à la France l'acquisition du Luxembourg. A cet effet, ladite Majesté entrera en négociation avec Sa Majesté le roi des Pays-Bas, pour le déterminer à faire à l'empereur des Français la cession de ses droits souverains sur le duché de Luxembourg moyennant telle compensation qui sera jugée suffisante ou autrement.

» De son côté, l'empereur des Français s'engage à assumer les charges pécuniaires que cette transaction peut comporter.

» Art. 3. L'empereur des Français ne s'opposera pas à l'union fédérale de la Confédération du Nord avec les Etats du Midi de l'Allemagne, à l'exception de l'Autriche, laquelle union pourra être basée sur un parlement commun, tout en respectant dans une juste mesure la souveraineté desdits Etats.

» Art. 4. De son côté, le roi de Prusse au cas où l'empereur des Français serait amené par les circonstances à faire entrer ses troupes en Belgique ou à la conquérir, accordera le secours de ses armes à la France et il le soutiendra avec toutes ses forces de terre et de mer envers et contre toute puissance qui, dans cette éventualité, lui déclarerait la guerre.

» Art. 5. Pour assurer l'entière exécution des dispositions qui précèdent, Sa Majesté le roi de Prusse et Sa Majesté l'empereur des Français contractent, par le présent traité, une alliance offensive et défensive, qu'ils s'engagent solennellement à maintenir.

» LL. MM. s'obligent, en outre, et notamment à observer dans tous les cas où leurs Etats respectifs, dont elles se garantissent mutuellement l'intégrité, seraient menacés d'une agression, se tenant pour liées en pareille conjoncture, de prendre sans retard les arrangements militaires qui seraient commandés par leur intérêt commun, conformément aux clauses et prévisions ci-dessus énoncées. »

A l'ouverture des hostilités entre la France et la Prusse, l'Empire ayant voulu se faire le beau rôle en invoquant le souvenir des guerres soutenues pour « une idée » et en rappelant sa générosité chevaleresque en toute circonstance, un nouvel éclat de rire méphistophélique, parti de

Berlin, retentit dans toute la presse européenne, et M. de Bismarck, qui est aussi un collectionneur, se mit en route pour Saint-Cloud où il découvrit, parmi les petits papiers à étiqueter dans sa collection à lui, la dépêche suivante, qui semble être le cri de détresse du renard pris par la queue :

Saint-Cloud, 26 juillet 1870.

A S. Exc. le Ministre des affaires étrangères, à Paris.

« Avez-vous démenti le projet de traité Benedetti, publié par le *Times*? — NAPOLÉON. »

Oui, oui, cela était fait, on avait démenti le projet de traité; mais personne n'a pris ce démenti au sérieux.

*
* *

L'Allemagne du Nord en Orient.

L'Empire avait avec la récente Confédération de l'Allemagne du Nord d'autres sujets de conflits, en tête desquelles nous mettrons les tendances d'établissement de celle-ci en Chine et au Japon.

On a dit que M. de Bismarck songeait à réclamer la possession de Pondichéry parmi les conditions de paix à proposer à la France.

Pondichéry, ce serait le pied dans l'Inde, dans cette partie du monde dont le souverain commercial sera le souverain de l'Europe, selon l'expression de Pierre-le-Grand, qui a écrit ces lignes dans son testament politique : « Se pénétrer de cette vérité que le commerce des Indes est le commerce du monde, et que celui qui en peut disposer exclusivement est le souverain de l'Europe. »

La Russie n'a pas autre chose en vue que l'exécution de ce testament, et ce n'est évidemment que dans l'intention de le réaliser qu'elle a récemment dénoncé le traité de 1856, qui lui interdisait de créer et d'entretenir dans la mer Noire la flotte au moyen de laquelle, à un moment donné, elle pourra enfoncer la Porte... de l'Orient.

Y a-t-il, à ce sujet, une entente secrète ou tacite entre M. de Bismarck et le prince Gortschakoff, et ces deux hommes politiques, qui ont déjà supprimé l'Europe, auraient-ils l'intention de se partager tôt ou tard la souveraineté dans l'Inde en y détruisant l'influence de l'Angleterre, comme ils l'ont détruite sur le continent?

On niera probablement les prétentions de l'empire allemand sur Pondichéry, aussi longtemps qu'il n'aura pas organisé sa marine; mais le jour venu, il faudra évidemment compter avec l'empire allemand sur mer, comme il faut compter aujourd'hui avec lui sur terre, et ce jour-là, s'il ne prend pas Pondichéry, c'est qu'il aura un meilleur établissement colonial en vue.

La note suivante, remise à Napoléon III par M. Drouyn de Lhuys le 1er mars 1869, prouve que l'Allemagne du Nord était tout à fait préparée à son nouveau rôle, et que les serviteurs de l'empire avaient eu au moins assez de clairvoyance pour s'en apercevoir :

« De toutes les nations, celle qui, sans avoir participé

aux chances de la guerre contre la Chine, en a le plus largement profité, c'est assurément l'Allemagne du Nord.

» Autrefois, l'unique commerce existant entre l'Europe et la Chine, celui de l'opium, se trouvait aux mains des Anglais. Aussi, les villes hanséatiques ne possédaient-elles dans cet empire que des comptoirs de peu d'importance. Depuis lors (1865 et 1866), plusieurs grandes maisons anglaises, qui, pendant de longues années, avaient accaparé le commerce de l'extrême Orient, ont disparu à la suite de revers financiers, et sur leurs ruines sont venues s'établir beaucoup d'autres maisons, parmi lesquelles l'Allemagne du Nord compte les plus florissantes.

» La statistique montre que, dans les deux dernières années, si les navires marchands de Brême, de Hambourg et des autres ports annexés, qui portent tous maintenant le pavillon de l'Allemagne du Nord, ne prédominent pas dans les eaux de la Chine et du Japon, ils peuvent presque lutter déjà, sous le rapport du nombre, avec les Anglais et les Américains. Une grande partie du commerce de cabotage leur appartient. Quant à la marine marchande de la France, elle passerait presque inaperçue, si elle n'avait les messageries impériales pour la représenter.

» Outre un sens commercial très-développé, les Allemands ont sur les Français l'immense avantage de s'expatrier facilement et sur les Anglais celui de vivre avec économie. Leurs aptitudes commerciales sont tellement appréciées, qu'au Japon plusieurs maisons françaises importantes ont placé des Allemands à la tête de leurs agences. En 1868, à Yokohama, sur dix à douze maisons françaises, cinq des plus importantes étaient représentées par trois Allemands, un Suisse et un Maltais.

» Les intérêts commerciaux de l'Allemagne du Nord, dans cette partie du monde, se sont trouvés garantis jusqu'à ce jour par la présence des stations navales de la France, de l'Angleterre et des Etats-Unis, car on ne peut regarder comme une protection efficace les rares apparitions que les navires de guerre prussiens ont faites dans les mers de la Chine et du Japon.

» Lorsque l'Allemagne aura une marine militaire assez nombreuse pour envoyer, elle aussi, une station navale dans l'extrême Orient, il est à croire que son commerce, soutenu d'une façon plus directe, prendra une très-grande extension. »

*
* *

L'aventure mexicaine.

Les papiers secrets contiennent aussi un curieux document relatif à l'expédition du Mexique, l'un des hauts faits du Bas-Empire. Ceci se passait avant Sadowa, à une époque où la France n'en était pas encore réduite à chercher des compensations sur le continent. C'était le bon temps! On écrivait alors la *Vie de César*, et le « cher seigneur, » voulant se faire illusion, comptait par sesterces pour payer les bonnes grâces de Mlle Marguerite. Le régime césarien était dans toute sa gloire, et le despote fixait souverainement du haut de sa sagesse les limites exactes du camp d'Alesia. La science n'avait plus de recherches à faire, César lui-même avait parlé.

L'Amérique était justement divisée sur une question sociale : on se demandait si la sécession n'était pas près de se faire, et l'on calculait les chances de probabilité qu'il y avait en faveur des conservateurs du Sud qui paraissaient de force à tenir le principe républicain en échec si on leur venait un peu en aide.

L'expédition française fut décrétée ; il ne manquait plus qu'un ambitieux pour réaliser les desseins de César, et l'on sait où on alla le prendre. Il partit avec sa femme, et le régime impérial s'installa à Mexico, se donnant comme modèle de gouvernement au nouveau monde... trop imbu des principes de Washington. On admirait à ce point, en ce temps-là, les beautés du régime impérial, que le Nestor des souverains constitutionnels de l'Europe lui livrait sa fille, — et qu'un ministère parlementaire ne craignit pas de ternir sa réputation libérale en favorisant tacitement pareille entreprise.

Mais on ne tarda pas de s'apercevoir qu'il n'était pas aussi facile d'étouffer la liberté dans le nouveau monde que dans l'ancien, et, l'armée française obligée de battre en retraite en présence d'un fait qu'elle avait elle-même provoquée, — la réconciliation du Nord et du Sud, — l'on vit l'impératrice Charlotte, à demi-égarée déjà, accourir en France pour tâcher de déterminer Napoléon à lui continuer ses bons offices. Voici la lettre que M. Achille Fould adressa à l'Empereur à cette occasion :

Sire,

L'expédition du Mexique a eu pour motif le désir d'obtenir une réparation des insultes faites à nos nationaux, en même temps que des indemnités pour les pertes qu'ils avaient supportées.

Elle avait, en outre, un double but, qui était de contenir la domination des Etats-Unis et de développer nos relations commerciales.

L'Empereur sait ce qui a été fait pour nos nationaux.

Leurs réclamations, qui s'élevaient à une somme bien supérieure, ont été réglées à ..... millions, payables en obligations du dernier emprunt. Sur cette somme il n'a été encaissé, pour leur compte, que 5,683,800 fr., et il reste 57,710 obligations, représentant, au cours de 300 fr., 17,300,000 fr., mais dont la réalisation se trouve entravée par une réclamation des banquiers qui les avaient achetées, et qui, invoquant aujourd'hui des causes de force majeure, se refusent à prendre livraison. Le cours actuel de ces obligations n'est que de 170 fr.

Quant au but politique que se proposait l'Empereur, il eût été peut-être possible de l'atteindre en profitant du conflit entre le Nord et le Sud des Etats-Unis, pour soutenir les dissidents, et favoriser, au profit du Mexique, l'établissement d'un Etat intermédiaire. Des considérations puissantes ont détourné de cette politique, et aujourd'hui l'empire n'a pas moins à redouter les Etats du Sud que les Etats du Nord.

D'un autre côté, l'extension de nos relations commerciales semble plutôt compromise qu'obtenue. Au début de notre entreprise, des envois assez considérables de produits français ont été dirigés sur le Mexique, mais ce fait s'expliquait par la longue interruption du commerce, résultat des troubles et de l'anarchie qui régnait en ce pays. Il faut aussi faire la part de la consommation et de l'approvisionnement de notre armée, ainsi que de la faveur sur laquelle comptaient d'abord les négociants français. Mais cet accroissement de commerce ne s'est pas maintenu et se ralentit au contraire d'une manière sensible.

Un tel état de choses s'explique par les circonstances politiques sur lesquelles il est nécessaire de ne pas s'abuser.

Bien qu'il existe au Mexique un parti monarchique, il faut reconnaître que ce parti n'a pas la force que lui prêtaient les émigrés résidant en France avant l'expédition. Nous l'avons déjà constaté avant l'arrivée de l'empereur Maximilien, et il a pu le constater promptement lui-même.

C'est alors qu'il a rompu avec le parti clérical et monarchique, et qu'il s'est rapproché du parti libéral, composé presque exclusivement de républicains dévoués à Juarez ou animés d'ambitions personnelles. C'est alors que se sont manifestées les dissidences et qu'a commencé la guerre des partisans. L'Empereur s'est trouvé entre le parti monarchique, qui ne se fiait plus à lui, et le parti libéral, qui ne cherchait qu'à le trahir. Plus de deux ans se sont écoulés dans ces luttes intestines, sans qu'aucune amélioration réelle ait été faite au point de vue administratif ou financier. Les dépenses, non-seulement de la guerre, mais de l'administration intérieure, ont été supportées par la France, soit sous forme de subvention, soit sous celle d'emprunts contractés à Paris.

Il est malheureusement bien avéré aujourd'hui que la situation de l'empereur Maximilien ne peut se prolonger longtemps. Le parti monarchique est à la fois le plus faible et le moins éclairé. Livré à ses propres forces, il est incapable de se maintenir. Si, comme Votre Majesté l'a annoncé, nos troupes reviennent laissant l'empereur Maximilien aux prises avec les difficultés de sa situation, leur départ sera plein de dangers pour elles-mêmes et pour nos nationaux au Mexique. Il est constant que l'armée mexicaine n'offre aucune garantie de cohésion ni de fidélité, et les quelques troupes autrichiennes ou de la légion étrangère française, disséminées sur un immense territoire, seraient impuissantes à offrir une résistance sérieuse. Un simple secours en argent ne serait d'aucune efficacité pour surmonter les innombrables difficultés que présente la situation.

Il semble donc impossible que le prince Maximilien se maintienne au Mexique. Il lui reste encore un beau rôle à prendre en renonçant à la couronne.

Qu'il adresse une proclamation aux Mexicains ;

Qu'il leur dise qu'en lui offrant le trône ils se sont trompés eux-mêmes ;

Qu'il profite de la présence de l'armée française pour maintenir l'ordre ;

Qu'il engage le peuple mexicain à procéder au choix d'un nouveau gouvernement et à la désignation d'un nouveau chef.

Effectué dans ces conditions, son départ pour l'Europe sera peut-être l'occasion de quelques regrets ; en tous cas, il aura lieu sous la protection de l'armée française. Il sera en même temps le signal du rétablissement du calme dans ce pays, où notre intervention cessant, on verra cesser aussi toute cause d'animosité contre nous. Je n'admets pas les tristes prévisions par lesquelles on a cherché à produire une impression sur l'esprit de l'Empereur, mais auraient-elles quelque fondement qu'il serait facile d'opérer progressivement le retour de nos troupes de manière à garantir la sécurité de nos nationaux.

Je ne me dissimule pas qu'il sera moins facile peut-être de déterminer l'empereur Maximilien à abdiquer. Si je suis bien renseigné, il ne s'y résignera que s'il est convaincu qu'il n'y a plus de secours à attendre de la France. Il commence à le pressentir ; le voyage de l'impératrice Charlotte en est la preuve. Si Votre Majesté lui déclare que, quels que soient ses sentiments personnels, elle ne peut lui donner aucune assistance sans convoquer le Corps législatif, dont l'opinion n'est pas douteuse, l'impératrice Charlotte amènera l'empereur Maximilien à la détermination que je regarde comme la seule possible.

Je n'entre pas dans le détail de la conduite que le gouvernement français aura à tenir au milieu des circonstances nouvelles dans lesquelles se trouvera le Mexique. Je crois que son rôle devra se borner à assurer la sécurité des Français qui résident dans ce pays, et à obtenir pour leurs intérêts et pour ceux des créanciers du gouvernement mexicain toutes les garanties désirables.

Ce but une fois atteint, nos troupes pourront rentrer en France : les souvenirs qu'elles laisseront au Mexique et les efforts désintéressés que nous avons tentés pour la prospérité de ce pays contribueront sans doute au développement de nos relations avec lui. Dans cette limite du moins, la France trouvera une compensation à ses sacrifices.

Je suis avec respect, Sire, de Votre Majesté le très-humble et dévoué sujet.

ACHILLE FOULD.

Paris, le 14 août 1866.

*
* *

L'idée de l'Empereur sur la révolution espagnole.

L'Empereur avait son idée à lui sur la révolution espagnole. La crainte de voir monter sur le trône le duc de Montpensier lui aurait fait accepter même la république :

Note de l'ex-Empereur sur les affaires d'Espagne.
(Autographe.)

La révolution de l'Espagne s'est faite au cri de : « A bas les Bourbons ! » et cependant il y a un parti à Madrid qui, ayant reçu de fortes sommes du duc de Montpensier, travaille à le faire arriver au trône. Nous avons un profond respect pour les décisions de la volonté nationale, et si le duc de Montpensier est régulièrement élu par la nation espagnole, nous n'aurons rien à dire. Mais avant que cet événement se produise, si toutefois il doit avoir lieu, nous tenons à dire notre opinion. Si la nation espagnole ne veut plus de Bourbons, tant mieux ! mais si elle revient sur sa première impression, il me semble qu'elle ne pourrait pas faire un plus mauvais choix que d'élever sur le trône un d'Orléans, répétant en Espagne l'usurpation de 1830, et donnant à l'Europe le funeste exemple d'une sœur détrônant sa sœur.

D'ailleurs, la situation de l'Espagne, dans ce moment, ne nous semble pas faite pour admettre le choix d'un prince ayant déjà des antécédents accentués et des opinions faites. Si l'Espagne pouvait supporter l'État républicain sans courir le risque de voir son unité nationale compromise par la reconstitution de royaumes indépendants, c'est ce qu'elle aurait de mieux à faire, car cela donnerait le temps à la nation de faire son éducation politique et d'apprendre à se connaître elle-même ; mais puisque la république n'est pas possible, tout ce qui en approche le plus nous semble ce qu'il y aurait de plus profitable.

Or, le hasard a voulu qu'il y eût un jeune prince, le prince des Asturies, sur la tête duquel reposent tous les droits monarchiques. Il est d'un âge où ses opinions personnelles ne peuvent pas compter, et peut être élevé dans les opinions du jour, loin des flatteurs et des intrigues. Son âge permet une régence, qui serait probablement exercée par les hommes qui ont donné le plus de gages à la révolution. Et ce régime ressemblerait fort, pendant sept ou huit ans, à une république où les agents pourraient être changés par le vote des Cortès, et le prince des Asturies ne serait que l'enfant chargé d'occuper un poste auquel aucun ambitieux ne peut prétendre.

*
* *

La galanterie impériale.

Passons, suivant les règles de l'art, du grave au doux et du sévère au plaisant. Nous cédons la plume à la gracieuse Impératrice qu'a illustrée un tableau célèbre qui la représente au milieu d'un bouquet de jolies femmes. Madame voyage en Égypte, et le substitut du grand Turc lui fait la cour, de manière... ah! de manière à faire bien rire le mari ; c'est Madame elle-même qui le lui écrit! Voici le poulet, plus compromettant, du reste, nous devons le reconnaître, au point de vue du style et du sentiment, qu'à tout autre :

Lettre de l'Impératrice à l'Empereur.
Yacht impérial *l'Aigle.*

Le Caire, le 23 octobre 1869.

Mon très-cher ami,

Merci de ta bonne lettre; je suis heureuse, tu le sais, quand tu approuves ce que je fais, et tu peux être sûr que tous mes efforts sont toujours portés à te faire le plus grand nombre d'amis possible.

L'idée du roi m'a bien amusée, car *il a été d'un galant à te faire dresser les cheveux.* Je ne sais si la présence d'un tiers le gêne pour me faire des confidences politiques, mais, dans tous les cas, pas les autres !... Enfin j'ai fait de mon mieux pour lui plaire, et je te ferai bien rire en rentrant et en te racontant mon entrevue.

Ce que tu me dis sur ta santé m'ennuie, mais ne m'effraye pas, parce que je sais que c'est long de revenir à la santé. Soigne-toi, je t'en prie, songe combien non-seulement ta vie, mais ta santé est utile à tous, et à notre enfant surtout.

Je me préoccupe beaucoup de la tournure de l'esprit public chez nous ; Dieu veuille que tout se passe tranquillement et sagement, sans folie d'un côté et sans-à-coup de l'autre, et que l'ordre sera maintenu sans user de la force ; car le lendemain de la *victoire* est souvent difficile, plus difficile que la veille.

Mais de loin je suis mauvais juge des événements.

Tu devrais parler à l'amiral du commandant de Surville ; celui-ci ne m'a pas parlé, mais les officiers de son bord en ont parlé à ces messieurs. Il paraît que dernièrement M. Jauréguiberry aurait passé contre-amiral ; étant moins ancien que le commandant de Surville, ceci lui aura fait beaucoup de peine. Mais, je te le repète, il ne m'en a pas soufflé mot. Comme le ministre est ombrageux, tu ferais bien de prendre des ménagements avec lui. Je ne puis te donner mes impressions de voyage. J'ai trouvé tout et partout, le désir bien vif de nous être agréable et de tout faire pour cela. Le Caire a conservé son ancien cachet, pour moi moins nouveau que pour ces dames, car cela me rappelle l'Espagne.

Les danses, la musique et la cuisine sont identiques. Nous allons ce soir à un mariage, qui doit avoir lieu chez la mère du Kédive; hier soir nous avons assisté aux prières des derviches, tourneurs et hurleurs; c'est inconcevable qu'on puisse se mettre dans un pareil état; cela m'a causé une grande impression.

Les danses dans le harem sont celles des bohémiennes d'Espagne, plus *indécentes* peut-être! Aujourd'hui je suis restée tranquille pour me reposer, car je suis très-fatiguée, mais très-intéressée par tout ce que je vois. On ne dirait jamais que nous avons en si peu de temps fait tant de chemin et visité tant de pays divers. Je fais collection de souvenirs et je te raconterai cela au coin du feu.

L'idée de Louis m'a bien amusée, et je suis curieuse de savoir *s'il fera sa liste* et ce qu'il en fera, le général (???). Dans sa lettre, il me dit que tu vas chasser à courre; mais je suppose qu'il prend son désir pour une réalité.

Donne-moi des nouvelles de MM. de Montebello et la Moskowa, et crois à la tendre affection que j'ai pour toi.

Ta toute dévouée,

EUGÉNIE.

L'Empereur a-t-il répondu à cette lettre?

S'il y a eu une réponse, l'Impératrice ne l'a sans doute pas rapportée à Saint-Cloud. Mais on y a retrouvé cette piquante copie de dépêche qui, autant qu'on la puisse comprendre, semble dire à la belle dame, — d'un ton fort peu respectueux pour la mémoire de l'oncle, — qu'on l'a assez longtemps admirée à la cour d'Égypte et qu'elle ferait bien de rentrer au bercail :

Egyptian Government Telegraph — Station.

At 41 p. m. on 13 of november 1869.

Received the following telegram.

From : Compiègne, dated 13 time 11 20 a. m.

To Comtesse de Pierrefonds. C. S.

« J'aurais bien voulu aussi rester plus longtemps ici,

mais je dois aller où le devoir m'appelle; tu as vu les Pyramides, et les quarante siècles t'ont contemplée; nous t'embrassons tendrement.

» NAPOLÉON. »

Du haut des Pyramides, avait dit le Grand, s'adressant à son armée d'Égypte, quarante siècles vous contemplent!

Et le Petit s'est permis de blaguer le Grand!

Cela ne pouvait pas manquer de lui porter malheur.

*
* *

Louis-Napoléon emprunteur.

Ce n'est plus un mystère pour personne qu'au temps où il était aspirant César, le prince Louis était fort souvent dans la gêne et qu'il ne se gênait pas pour emprunter à ceux qui avaient confiance en son étoile. On a vu, dans notre premier volume, que miss Howard avait plusieurs fois payé ses dettes, et il est généralement connu que le roi Léopold Ier de Belgique a, en différentes circonstances, avancé de l'argent au prétendant, ce dont celui-ci, dit-on, lui est toujours resté personnellement reconnaissant.

Mais ce dont on ne se serait certes pas douté, c'est qu'au temps où le prince-président de la République préparait son coup d'État à l'Élysée national, il ait dû emprunter de l'argent aux diplomates accrédités près de son gouvernement par les puissances étrangères.

Voit-on ce président allant au-devant du ministre d'Espagne et lui disant : « Ah! mon cher ministre, que je suis charmé de vous voir! Le traitement que ces républicains m'allouent ne suffit pas à mes besoins, et je suis, pour le moment, dans une dèche!... Prêtez-moi donc 500,000 fr... à 5 p. c. Je m'engage à vous les rembourser dans les cinq ans... *si pas plus tôt.* Chut! entre nous; je médite un petit coup... qui me permettra de fixer moi-même ma liste civile et de vous rembourser avec les intérêts sur le premier semestre. »

Si cela n'a pas été dit, cela a été fait. Voici la pièce :

Prêt de cinq cent mille francs fait par le maréchal Narvaez à Louis-Napoléon Bonaparte, président de la république.

Elysée-National, le 26 avril 1851.

Je reconnais avoir reçu aujourd'hui de M. le maréchal duc de Valence la somme de cinq cent mille francs que je lui rembourserai avec intérêts de cinq pour cent l'an, payables par semestre, dans un délai de cinq ans, et par cinquième d'année en année, *si je n'ai pu la lui rembourser plus tôt.*

LOUIS-NAPOLÉON BONAPARTE.

La somme lui fut remboursée six mois après le coup d'État, comme l'indique une quittance de 500,000 fr. donnée le 2 juin 1852 par M. de Grimaldi en échange d'un mandat de M. de Bure, intendant général de la maison du prince-président de la République.

*
* *

L'Empereur libéral.

Il est juste de dire qu'une fois le coup fait, l'Empereur n'y regarda plus de si près.

Exemple :

Remise de cinq cent mille francs faite par l'Empereur à M. de Forcade La Roquette, pour dépenses secrètes.

Quelques jours seulement avant les élections générales pour la dernière législature de l'empire, le ministre de l'intérieur, M. de Forcade, ayant probablement épuisé les fonds secrets et autres dont il pouvait disposer, dut recourir à la caisse de l'empereur. Les 500,000 francs mentionnés dans le reçu suivant ne doivent pas avoir eu, à ce qu'il semble, d'autre destination que de venir en aide aux candidatures officielles.

Ministère de l'intérieur. — Cabinet du ministre.

Paris, le 6 avril 1869.

Reçu de l'Empereur, pour dépenses secrètes de sûreté, cinq bons sur MM de Rothschild de cent mille francs chacun (soit cinq cent mille francs).

DE FORCADE.

Ici, c'était l'argent de la France qui roulait, et l'Empereur donnait libéralement, même sans retenir l'intérêt ! C'était sa manière à lui d'être libéral.

Peut-être croirait-on que ce n'était qu'à l'égard des personnages marquants que l'Empereur se montrait si généreux; on va voir que sa générosité s'étendait également sur les personnes de marque :

Cabinet du ministre de la police générale.
(Extrait d'un rapport de M. de Maupas.)

Paris, le 23 janvier 1853.

Je suis informé que le sieur Mayer, journaliste, aurait

adressé à l'Empereur une ode intitulée *la France impériale*, qu'il vient de publier. L'Empereur ayant, en plusieurs circonstances, adressé à quelques auteurs, soit un présent, soit une lettre, il m'a paru utile d'informer Sa Majesté que le sieur Mayer a été traduit six fois devant les tribunaux, et condamné trois fois, pour escroquerie, à plusieurs années d'emprisonnement qu'il a subies dans les maisons centrales. Le sieur Mayer est, en outre, un des auteurs des calomnies odieuses qui, dans ces derniers temps, ont défrayé les journaux étrangers.

(En marge, l'Empereur a écrit au crayon : *Lui envoyer un souvenir.*)

Un souvenir à ce pauvre auteur ! à ce digne homme ! Une épingle... un médaillon peut-être, entouré de brillants, sans doute, pour relever la valeur du portrait du donateur...

Sa liste civile conquise, il faut dire que l'emprunteur de 1851 sait parfaitement la dépenser. Il avait une nombreuse famille à pourvoir, beaucoup de parents pauvres à placer pour les faire taire. Voici le tableau qu'on a dressé des sommes et subventions allouées sur la liste civile à la famille Bonaparte :

§ 1. — FAMILLE JÉROME BONAPARTE.

1. Le prince Jérôme Bonaparte, gouverneur général des Invalides (1848), maréchal (1850), président du Sénat (1851), prince français, pourvu d'une maison militaire, mort le 24 juin 1860.

Don du 1er avril 1852 : 2 millions, payables avec intérêts à cinq pour cent par 50,000 fr. mensuels.	2,170,833 35
Allocation annuelle : 100,000 francs (× 8)	800,000 »
Maréchal, sénateur, 60,000 fr. (× 8) .	480,000 »
Obsèques du prince Jérôme	180,486 31
Total (sans compter la dotation) . . .	3,631,319 66

2. Le prince Napoléon, prince français (1850), 23,000 fr.	23,000 »
Par crédit supplémentaire, inscrit au chapitre 32 du budget de la liste civile (1861), 164,205 fr. 35 c.	164,205 35
Frais du mariage du prince Napoléon.	859,739 93
Total, sans compter la dotation et la subvention pour le Palais-Royal et Meudon.	1,046,945 28
3. La princesse Mathilde, princesse française. Son traitement est compris dans la dotation.	
3 *bis*. M. Jérôme Bonaparte fils (Patterson), 30,000 par an (nous ignorons pendant combien d'années).	
Dotation de la famille J. B.; subvention pour le Palais-Royal et Meudon : 1,800,000 fr., durant dix-huit années au moins	32,000,000 »
La famille Bonaparte Jérôme a donc touché pendant la durée de l'empire, 37 millions environ.	37,000,000 00

§ II. — FAMILLE BACIOCCHI.

La comtesse Baciocchi (comtesse Camerata), morte en 1869, à peine solvable, en France ; le prince impérial est son légataire universel.	
Don du 1er avril 1852 : 1 million, payable avec intérêts à 5 p. c. par 25,000 fr. mensuels.	1,085,416 55
Subvention annuelle (le 15 décembre 1852) : 150,000 fr. pendant seize ans au moins	2,240,000 »
Avance sur la subvention : 31 décembre 1852, 150,000 fr. ; 3 mars 1853, 100,000 fr. ; 4 mai 1859, 100,000 fr.	
Rente viagère pour le rachat du majorat de Bologne, 100,000 fr.	1,500,000 »
Pour l'acquisition des Landes de Grandchamps (1858-59), 170,000 fr.	170,000 »
A reporter. . .	4,995,416 55

Report. . .	4,995,416	55
Acquisition d'un hôtel à Rennes (1860).	74,750	»
Ameublement de divers domiciles : de 8,000 à 10,000 fr. mensuels durant plusieurs années, domaine de Kornler-Houet, construction de l'église de Colpo (Bretagne)	200,000	»
Crédit supplémentaire (1861)	76,666	65
Mars 1864	20,000	»
Frais de la succession de Mme Baciocchi.	717,191	»
Le prince Baciocchi a donc touché pendant la durée de l'empire au moins 6 millions.	6,084,024	»

§ III. — FAMILLE LUCIEN BONAPARTE.

1. La princesse veuve Lucien Bonaparte, douairière de Canino, morte en 1855.		
Subvention annuelle, 48,000 fr. . . .	114,000	»
2. Le prince Charles Bonaparte, mort en 1857.		
Don du 1er avril 1852, 200,000 fr., payables avec intérêts à 5 p. c. par 5,000 fr. mensuels	208,750	»
Subvention annuelle, 100,000 fr. pendant cinq ans.	500,000	»
2 *bis*. Le prince Napoléon-Charles Bonaparte,		
Subvention annuelle (1857-1870), 50.000	708,000	»
Location d'un hôtel, 20,000 fr. . . .	280,000	»
Total. . . fr.	1,810,750	»
3. Le prince Louis-Luc. Bonaparte.		
Dettes payées en 1850, 45,000 fr. . .	45,000	»
Don du 1er avril 1852, 200,000 fr. payables par 5,000 fr., sans intérêts, avec supplément de 2,000 fr. mensuels pendant neuf mois	218,000	»
Subvention annuelle, 100,000 fr. pendant dix-huit ans.	1,800,000	»
Total . . .	2,063,000	»

4. Le prince Pierre Bonaparte.	
Don du 1er avril 1852, 200,000 fr. payables comme ci-dessus	218,000 »
Subvention annuelle.	1,800,000 »
1856-59, 5,000 fr. mensuels (deux ans et six mois)	150,000 »
1859-63, 2,300 fr. mensuels (trois ans et six mois)	105,000 »
1864-70, 2,000 fr. mensuels	144,000 »
Total . . .	2,417,000 »
5. Le prince Antoine Bonaparte.	
Don du 1er avril 1852, 200,000 francs payables comme ci-dessus	218,000 »
Subvention annuelle 100,000 francs. .	1,800,000 »
Total . . .	2,018,000 »
6. La princesse Marianne Bonaparte Lucien.	
Subvention annuelle, 6,000 fr. . . .	108,000 »
7. Mme Lætitia-Bonaparte-Wyse, séparée de son mari, sir Thomas Wyse, auquel l'Empereur a prêté en Angleterre 16,000 livres sterling, mal garanties par des polices d'assurances	400,000 »
Endettée à l'excès, presque retenue dans un hôtel où elle ne peut payer son séjour, Mme Bonaparte-Wyse (1) obtient en 1852, par l'intermédiaire de M. Bure, une subvention de 6,000 fr., portée, en 1853, à 48,000, dont 30,000 affectés à ses créanciers	864,000 »
Total : au moins . .	840,000 »

(1) Voici une lettre de cette princesse qui constate sa détresse :

« En rentrant chez moi hier soir avec ma jeune fille, que j'avais été chercher au chemin de fer, j'ai trouvé la porte de mon appartement fermée et mes effets, le peu qui me reste, saisis et sous les scellés.

» Au milieu de la rue, à onze heures du soir, sans asile et sans argent, j'ai été demander l'hospitalité à un vieil ami de ma mère, — le colonel Jenowich, — qui m'a offert pour deux ou trois jours une chambre chez lui !... J'avais écrit au trésorier de la présidence pour avoir un secours, — ce qu'on n'oserait refuser dans les circonstances où je me trouve à une étrangère, — afin d'éviter la nouvelle avanie qui de nouveau me frappe !... On n'a pas répondu à ma lettre. On est vraiment, pour moi, d'une rigueur,

8. Mme Marie Bonaparte-Wyse, princesse de Solms, devenue Mme Urb. Rattazzi (1863) ; elle jouissait originairement d'une pension de 30,000 fr., supprimée pour publications anonymes; mariée à M. Rattazzi, elle réclame, dans une lettre curieuse, sa pension tout entière, dont l'Empereur lui a, dit-elle, par l'intermédiaire du docteur Conneau, promis le rétablissement.

Elle figure depuis dans les états pour une somme annuelle de 24,000 fr. (six ans?) . . . . 144,000 »

9. Mme Turr (1861), née B. Wyse. Subvention annuelle, 24,000 fr. . . . . . . 216,000 »

10. M. Wyse (Lucien-Napoléon). Pension, 2,000 fr.; en 1855 . . . . 14,000 »

11. La comtesse Valentini (Alexandrine-Marie B. Lucien).

Don d'avril 1852, 200,000 fr. intérêts à 5 p. c. . . . . 208,750 »

Subvention, 23,500 fr. . . . . 460,000 »

12. La comtesse Lucienne Valentini Faïna; 1863, ordre signé de l'empereur, don, 50,000 . . . . 50,000 »

d'une dureté qui passent toute croyance !... Demain j'irai au couvent; j'y entrerai sans linge et sans vêtements, car je n'ose me flatter que vous viendrez, par ordre du prince, à mon aide. Cependant, pourquoi ne tenterai-je pas un dernier effort?

» Je dois 350 fr. à mon logeur et à mon restaurant. Souffrirez-vous que je sois encore outragée pour une telle vétille? Employez votre influence pour me rendre ce dernier service, et après, avant de vous employer encore pour moi, attendez que ma conduite vous ait montré ce que je suis et combien j'ai été calomniée! Si vous me faites la faveur d'une réponse, écrivez-moi demain chez le colonel Jenowich, j'y attendrai votre réponse toute la journée, car il me sera bien pénible d'entrer au couvent sans vêtements. Cependant, comme ma résolution est irrévocable et qu'on consent à me recevoir sans payer à l'avance, je coucherai demain soir au couvent.

» J'aurai l'honneur de vous écrire aussitôt mon installation, car je peux compter sur vous pour me sortir de peine et me réhabiliter. Ne trompez pas mes espérances; ayez l'œil sur ma conduite et agréez, avec mes remercîments, l'assurance de ma reconnaissance.

» Ce mardi, 20 novembre.

» Princesse Lætitia BONAPARTE,
» Rond-point des Champs-Élysées, chez le colonel Jenowich.

» *P. S.* De grâce, un mot de réponse. »

13. La marquise Roccagiovine, fille de Ch. B. Lucien; subvention, 20,000 francs (en moyenne dix ans); indemnité de logement, 20,000 fr.		400,000 »
14. La comtesse Primoli (Ch. B. Lucien); même somme (même moyenne) . .		400,000 »
15. La comtesse Compello (Ch. B. Lucien), même somme (même moyenne) . .		400,000 »
16. La princesse Gabrielli (Charlotte-Marie B. Lucien), subvention, indemnité, 40,000 fr.		400,000 »
17. La marquise Christine Gabrielli Stefanoni	6,250	375,000 »
18. La comtesse Lavinie Gabrielli Aventi	6,250	
19. La marquise Amélie-Gabrielli Parisani	6,250	
20. Mme A. Bocker	6,000	
21. Mme Célia Honorinati Romagnoli, petite-fille de Lucien Bonaparte.	6,000	
La famille Bonaparte Lucien a donc touché, durant l'empire, environ 12 millions 700,000 fr.		
Total . . .		12,762,000 »

RÉCAPITULATION.

Ainsi sans tenir comte de quelques centaines de mille francs annuels touchés durant un nombre inconnu d'années, le bilan de la famille Bonaparte s'établit comme suit :

Famille Jérôme Bonaparte.	37,078,461
Famille Lucien Bonaparte	12,762,400
Famille Murat.	13,577,624
Princesse Baciocchi	6,254,624
Mmes B. Centamori et Bartholini	524,375
Total général . . .	70,197,484

*
* *

Le prix d'une influence.

Les serviteurs haut placés faisaient, comme on va voir, payer cher leur influence :

Les soussignés,

Signataires de la demande en concession de la Compagnie maritime égyptienne, déclarons par le présent engagement que, si cette concession est accordée par le vice-roi dans les termes de la demande rédigée par M. l'ingénieur Castets-Hennebert, nous laissons à celui-ci tous les soins de la constitution de la compagnie et toutes les dépenses auxquelles cette constitution peut l'obliger, déclarant que nous ne voulons être responsables d'aucun des frais préliminaires pour la formation de la société.

En conséquence de la présente convention, M. Castets-Hennebert est autorisé par nous à disposer comme il l'entendra, jusqu'à concurrence de 10 millions de fr. (400,000 liv. st.), sur le montant des 10 p. c. du capital nominal social qu'octroie la concession, d'après l'article 11 de la demande, pour pouvoir faire face à tous les frais auxquels la constitution de la société peut donner lieu, et aussi pour rémunérer ou solder tous les concours ou influences qu'il aura pu s'adjoindre à l'effet de l'obtention de ladite concession.

Sur cette somme de 400,000 liv. st. que M. Castets-Hennebert recevra en actions libérées (*paid up shares*) de la Compagnie, il devra en remettre à chacun de nous pour 10,000 liv. st. pour notre qualification de fondateurs avec lui de l'affaire.

Les autres 400,000 liv. st. (1) restantes, d'après l'article 11 précité, ne pourront être dépensées, sous quelque prétexte que ce soit, sans l'adhésion du *board* des fondateurs, et par autorisation écrite qui sera donnée à M. Castets-Hennebert, agissant en qualité de *manager director* du *board* de fondation, jusqu'au début des opérations de la

(1) Il faut probablement lire 350,000.

compagnie, sous la direction du conseil d'administration lorsqu'il sera définitivement constitué.

Londres, le 6 mai 1867.

Signé : Comte de Bustelli Foscolo, Charles-Pierre Schaeffer, Charles Morris, J.-W. Williamson, Ch. Martin.

Pour copie conforme :

Castets-Hennebert.

Je soussigné, fondateur de la Compagnie maritime égyptienne, déclare que, en vertu des droits que me confère l'engagement ci-dessus des cinq cofondateurs, je m'oblige envers M. Clément Duvernois de lui payer cinq millions sur les dix millions dont je suis autorisé à disposer, pour rémunérer ses services et les concours étrangers dont il croit pouvoir user à l'effet de l'obtention de ladite concession ; ces cinq millions de francs lui seront payés au fur et à mesure des sommes que je recevrai moi-même et de la même manière.

Paris, le 8 juillet 1867.

Castets-Hennebert.

*
* *

Censure et critique littéraires.

On verra, par les petits rapports ci-dessous, avec quel soin et quel zèle la censure écartait des pièces présentées dans les divers théâtres le moindre mot, la plus vague allusion qui pût choquer non-seulement le maître, mais son humble valetaille. Il n'est pas étonnant qu'un pareil règne n'ait pas produit de Molière, ni qu'il ait fait la gloire d'Offenbach, dont la place dans l'immortalité est assurée entre la *Belle-Hélène* et *Orphée aux enfers*.

Comédie-Française.

Le Gâteau des Reines, comédie en 5 actes.

9 août 1854.

On doit savoir gré à l'auteur de n'avoir mis en scène ni Louis XV, ni le cardinal de Fleury.

Le rôle de Stanislas ne peut faire naître aucune allusion relative à la Pologne. Il est plein de noblesse et de dignité. Le personnage de Marie Leczinska est irréprochable. Il n'en est pas de même du personnage de Mme de Prie, qui traverse la pièce d'un bout à l'autre. Outre ses intrigues, qui font le nœud de cette comédie, l'auteur lui a donné un vernis de galanterie qui nous paraît passer les bornes.

Le personnage du duc de Bourbon, premier ministre, nous paraît trop abaissé et a besoin d'être modifié.

Quant au troisième acte, qui se passe devant le couvent de Fontevrault, nous pensons qu'il peut être admis avec des modifications. Toutefois, cet acte, dans son ensemble, présentant une question de convenance religieuse, nous le soumettons à la haute appréciation de M. le ministre.

En résumé, nous pensons que la pièce pourra être autorisée si, comme nous avons lieu de le croire, l'auteur opère des modifications suffisantes dans le sens des observations qui précèdent.

22 août 1854.

La commission d'examen, ayant pris connaissance des changements opérés par l'auteur dans la pièce *le Gâteau des Reines*, a reconnu que ces modifications ont eu pour objet d'atténuer la couleur de galanterie trop accusée du personnage de Mme de Prie et l'importance dominante de ce rôle, qui plaçait le duc de Bourbon dans une nullité ridicule.

Nous pensons donc que la pièce peut être mise en répétition, sous la réserve de quelques passages dont l'auteur a refusé de faire le sacrifice, et notamment des passages suivants :

ACTE IIe.

1° « Les femmes dévorant les mâles dans la maison d'Autriche. »

2° « Cette poupée (l'infante d'Espagne). »

3° « Toutes les couronnes sont les mêmes : couronne de France ou couronne du Japon ; couronne d'or ou couronne de laurier ; on ne les attend pas, on les prend. »

ACTE IIIe.

4° Dans l'acte du couvent, dont le fond a été admis par Son Excellence, nous pensons qu'il y a lieu de supprimer le mot de *couvent*, quand il est trop souvent répété, le mot de *sœur* trop prodigué, et toutes les épigrammes qui jettent du ridicule sur les religieuses.

La maison de Fontevrault doit être plutôt une maison d'asile pour les filles nobles qu'un couvent véritable.

5° Une jeune femme, qui en ce moment gouverne la France, quoiqu'il y ait en France deux Bourbons, l'un assis sur le velours du trône, l'autre debout sur les marches du trône.

6° Le mot de *courtisane* appliqué à Mme de Prie :

7° Et le dernier mot de l'ouvrage mis dans la bouche de Mme de Prie. *Enfin j'ai fait une reine et je vais régner.*

Ce mot, qui avait attiré l'attention de M. le ministre, a le double inconvénient de résumer la pièce d'une manière inexacte et d'exagérer la portée du rôle de Mme de Prie, en présentant une pareille femme comme disposant de la couronne de France.

2 mai 1855.

L'auteur du *Gâteau des Reines*, après cinq conférences avec la commission, a enfin opéré toutes les suppressions et modifications de détail qui lui avaient été demandées, et auxquelles il s'était refusé jusqu'au dernier moment.

Les inconvénients inhérents au sujet ont été considérablement atténués par toutes ces modifications successives, qui devront encore être complétées par la mise en scène.

Dans cette position, et la donnée de la pièce ayant été admise dès l'origine par Son Excellence, nous n'avons plus qu'à proposer l'autorisation.

La Pierre de touche, par M. Émile Augier, comédie en cinq actes, en prose.

Paris, le 19 décembre 1853.

. . . . . . Tels sont, en résumé, l'impression et l'effet qui nous paraissent devoir résulter de la représentation de cette pièce, surtout après le soin que nous avons mis à faire disparaître ou à modifier certaines formules telles que : « La société est mal faite ; le riche, dans les desseins de Dieu, n'est que le trésor du pauvre » ; et quelques mots comme : « l'insolence des riches ; la protestation du deshérité ; Dieu n'est pas juste », etc., qui, par leur application, auraient pu éveiller les susceptibilités d'une partie des spectateurs.

En conséquence, nous proposons l'autorisation, moyennant les changements opérés sur les manuscrits.

—

Théâtre des Jeunes Élèves.

Les Deux Dîners, vaudeville en un acte.

Paris, le 10 mai 1855.

Le vieux Vincent et sa fille Pauline sont menacés par leur propriétaire de la saisie de leurs meubles et d'être mis à la rue faute de dix francs pour compléter leur terme.

..... Nous avons fait remplacer le propriétaire par un usurier, et, moyennant cette modification opérée sur les manuscrits, nous proposons l'autorisation.

—

Comédie-Française

Les Jeunes Gens, par M. Émile Augier, comédie en trois actes, en prose.

Paris, le 26 septembre 1855.

Nous avons déjà plusieurs fois signalé de quelle portée sont pour nous les théâtres secondaires, c'est-à-dire, pour l'ensemble de littérature dramatique, les ouvrages représentés sur le Théâtre-Français. Nous ne pouvons que rappeler nos instantes observations à ce sujet. Comment, par exemple, nous sera-t-il possible de nous opposer à l'invasion de l'argot sur les théâtres de vaudeville si la Comédie française admet un jargon analogue ?

Il nous paraît donc indispensable que l'auteur modifie sa pièce dans le sens que nous indiquons. A cette condition seulement, nous pouvons proposer que la représentation en soit autorisée.

Paris, 30 septembre 1855.

L'auteur s'est rendu aux observations énoncées dans le rapport ci-dessus. Il a opéré de nombreuses modifications dans le rôle de Francisque, et fait disparaître du dialogue de ce personnage le ton qui nous avait paru inconvenant vis-à-vis de son père, et les locutions qui rappelaient trop les habitudes des scènes secondaires.

Nous pensons que cette pièce, dans son état actuel peut être représentée sur la scène du Théâtre-Français.

En conséquence, nous en proposons l'autorisation.

—

Théâtre des Variétés.

Un regard de ministre, vaudeville en un acte.

Paris, 21 juillet 1854.

Nous proposons l'autorisation, moyennant le changement de titre, qui ne nous paraît pas admissible.

—

Michel Perrin, vaudeville en 2 actes.

Paris, le 4 mars 1853.

Ce vaudeville joué pour la première fois au Gymnase en 1834, par conséquent sans examen préalable, a eu une longue série de représentations.

Chargés de revoir la pièce, qui doit être reprise au théâtre des Variétés, nous avons cru devoir faire à l'auteur quelques observations sur la partie de l'ouvrage qui touche au ministère de la police et à la police en général, institution contre laquelle les allusions sont d'ordinaire avidement saisies.

Il ne nous a pas paru convenable que le ministre dit de ses employés « qu'ils se vendaient tous pour un écu ; qu'ils ne faisaient que des maladresses ; qu'il fallait toujours promettre leur grâce aux accusés, sauf à ne pas tenir ; qu'on aurait besoin d'une bonne petite conspiration que les agents n'auraient pas l'esprit de la faire, » etc.

L'indignation de Michel Perrin contre Fouché et la police nous a paru aller trop loin, et avoir d'autant plus d'inconvénient que le rôle de l'ancien curé est plus honorable.

L'auteur est entièrement entré dans nos vues, et a opéré des suppressions et modifications qui, sans nuire en rien à l'ouvrage, nous paraissent en faire disparaître les inconvénients.

En conséquence nous en proposons l'autorisation.

—

Théâtre impérial de l'Odéon.

Lorrenzaccio, drame en cinq actes, d'Alfred de Musset.

Palais des Tuileries, 28 juillet 1864.

Ce n'est pas la première fois qu'il est question de représenter cet ouvrage, qu'Alfred de Musset n'avait pas composé pour la scène. Le Théâtre-Français, qui y avait songé, a reculé devant les difficultés, qui lui parurent insurmontables.

Dans la version que le directeur de l'Odéon soumet à la censure, on a cherché à adapter l'ouvrage à la scène par des suppressions nombreuses et des soudures ayant pour objet de rapprocher les différentes péripéties que des digressions, toutes naturelles dans un drame écrit pour être lu et non pour être joué, isolaient les unes des autres.

Nous ne croyons pas que cette œuvre, arrangée telle qu'elle est, rentre dans les conditions du théâtre. Les débauches et les cruautés du jeune duc de Florence, Alexandre de Médicis, la discussion du droit d'assassiner un souverain dont les crimes et les iniquités crient vengeance, le meurtre même du prince par un de ses parents, type de dégradation et d'abrutissement, nous paraissent un spectacle dangereux à présenter au public.

En conséquence, nous ne croyons pas qu'il y ait lieu d'autoriser la pièce de *Lorrenzaccio*.

—

Comédie Française.

Diane, drame en cinq actes et en vers.

Dans cette pièce, les rôles dominants sont ceux de Richelieu et de Diane. La jeune fille flétrit si énergiquement l'assassinat d'un homme dont la vie est nécessaire à la France que les inconvénients d'une conspiration nous paraissent couverts par l'effet général de l'ouvrage.

Ce drame, au surplus, a été lu directement, verbalement autorisé par le prédécesseur de M. le ministre ; mais le visa n'a point été donné.

Indépendamment de cette haute décision, notre impression personnelle nous eût conduits à proposer l'autorisation, que nous avons en effet l'honneur de proposer à M. le ministre.

Toutefois, un pareil sujet ne peut être traité, quels que soient les bonnes intentions, la prudence et le talent de l'auteur, sans qu'il surgisse des possibilités d'allusion que nous devons signaler à la haute appréciation de M. le ministre par la citation de quelques passages.

Quelque iniques et absurdes que soient de pareilles allusions, contre lesquelles se révolte notre conscience de citoyens, il est de notre devoir d'examinateurs d'aborder sans faux scrupule cette délicate question.

Quels reproches M. le ministre n'aurait-il pas à adresser à notre imprévoyance, si, à l'occasion de ces passages, la malveillance des partis hostiles venait à se produire en plein théâtre?

ACTE II, SCÈNE III.

Entre les conjurés.

Cette scène depuis les vers suivants :

Tuons le cardinal, une fois le coup fait.
Nous irons à Sedan en attendre l'effet.

Jusqu'à ceux-ci :

Qui perd du temps perd tout contre un tel adversaire ;
Sa mort est juste enfin, puisqu'elle est nécessaire.

....

Ma haine des tyrans s'exhale dans un coin.
Qu'il me tarde, cordieu ! de secouer ma chaîne !
Etc.

Nous croyons devoir appeler sur cette scène toute l'attention de M. le ministre, et la soumettre particulièrement à sa haute appréciation.

—

Théâtre de la Porte Saint-Martin.

Paris, drame historique en vingt-cinq tableaux, par M. Paul Meurice.

Paris, 19 juillet 1855.

....

Nous avons demandé que la pièce se terminât avant

la révolution, ou qu'un tableau final fût consacré à Napoléon Ier.

Le directeur est entré pleinement dans nos vues, mais il s'est trouvé en présence des résistances de l'auteur. Il a passé outre; il a supprimé ou modifié les tableaux susmentionnés; il a fait faire un tableau final représentant Napoléon Ier distribuant des aigles au Champ-de-Mars.

Cet ouvrage s'est ainsi trouvé profondément modifié selon nos conventions...

Nous devons rendre cette justice au directeur qu'il nous a secondés de tout son pouvoir dans ce travail ingrat et difficile, qui consistait à donner à un ouvrage de cette importance un sens plus large, plus général et un caractère plus français.

En conséquence, nous proposons l'autorisation.

—

Théâtre du Gymnase.

L'Étrangère, comédie en un acte.

Palais des Tuileries, 8 octobre 1864.

La donnée de cette pièce, avec quel ménagement que l'auteur l'ait traitée, nous paraît présenter un inconvénient grave.

Nous croyons mauvais de mettre sous les yeux du public ce dévergondage d'imagination de femmes du monde, et du plus haut monde, qui, sans autre mobile qu'une curiosité malsaine, se donnent ainsi pendant une heure le plaisir et la honte de la vie de courtisane.

La princesse russe Ismaïloff, représentée comme appartenant à la plus haute aristocratie étrangère; la marquise de Cambry, représentant le monde parisien, amenées chez une Nina Castrucci, la première par un hasard dont elle se réjouit et dont elle profite, la seconde par la fantaisie d'un amant qui satisfait ainsi un des caprices de sa maîtresse, nous semblent, dans leur ardeur joyeuse à jouer à la drôlesse, d'un enseignement aussi dangereux, plus démoralisant peut-être que la mise en scène des filles elles-mêmes.

Si nous entrons dans les développements de la pièce, nous ne pouvons pas ne point signaler la position si nettement avouée de Mme de Cambry vis-à-vis du vicomte Alexandre. Quant au dénoûment, nous trouvons profondément immoral et blessant de voir la princese Ismaïloff recevant son mari dans la chambre à coucher au lieu et place de la Castrucci, et trouvant ainsi moyen de compléter légalement son équipée et de satisfaire tout à fait sa curiosité.

En résumé, la commission pense que *l'Étrangère* qui aurait le double tort d'attaquer la morale publique et de froisser les susceptibilités de la haute société parisienne et étrangère, ne saurait être admise au théâtre, et elle ne peut qu'en proposer l'interdiction.

Le Vrai Courage, ou *Un Duel en trois parties et une femme pour enjeu*, comédie en 3 actes, par M. Glais-Bizoin.

21 décembre 1863.

... Ces scènes, où éclatent dans toute leur violence et leur brutalité les récriminations haineuses du socialisme contre l'ordre et la loi, et qui rappellent les plus mauvais jours des révolutions, nous paraissent inadmissibles.

—

Les Échelons du mari, vaudeville en 3 actes.

10 juin 1852.

Le titre de ministre, donné au prince de Goritz, amenait une série d'épigrammes et de plaisanteries qui ont paru avoir des inconvénients. Nous avons fait supprimer dans tout le cours de la pièce le mot de *ministre* et les allusions qui en étaient la suite.

Dans son état actuel, la pièce, quoique assez vive, nous paraît pouvoir être autorisée, à la charge des modifications opérées sur les manuscrits.

*
* *

Rapports de police.

Le ministre de la police générale avait des attributions multiples, et on a retrouvé dans les papiers de M. de Maupas des traces des préoccupations les plus étranges.

Ceci est daté du 23 janvier 1853 :

J'ai déjà eu l'honneur de dire à l'Empereur combien il serait désirable que Sa Majesté fît connaître, le plus tôt possible, les noms des dames d'honneur de l'Impératrice. Le monde les attend avec une véritable avidité. Le nom de Mme la duchesse de Vicence avait été prononcé ; sa nomination était considérée comme certaine, et on se réjouissait de ce choix, parce Mme de Vicence, outre ses qualités personnelles, tient encore à plusieurs grandes familles de la capitale qu'elle aurait entraînées avec elle. Le bruit s'est répandu hier qu'elle aurait décliné cet honneur, et cette nouvelle a été accueillie avec de véritables regrets.

Le rapport passe sans transition à un sujet plus grave, qui prouve l'intérêt bien naturel qu'on attachait aux Tuileries à ce qui se disait dans la presse européenne du mariage de Mlle de Montijo :

L'Empereur a pu remarquer qu'à part quelques écarts regrettables, sans doute, la presse étrangère avait, en général, parlé du mariage de Sa Majesté en des termes favorables.

Qu'il me soit permis d'appeler l'attention de l'Empereur sur un article publié à ce sujet par le *Times*, et qui constate une amélioration sensible dans l'esprit de cette feuille, jusqu'à présent ouvertement hostile au gouvernement de Sa Majesté.

La seconde partie de cet article, dont j'ai l'honneur d'adresser ci-jointe la traduction à l'Empereur, est peu importante; mais la première partie est conçue en termes favorables, et il m'a semblé qu'on pourrait utilement la faire reproduire dans les journaux français. J'attendrai néanmoins les ordres que Sa Majesté voudra bien me donner à cet égard, et je me permets de la prier de vouloir bien me les transmettre par le télégraphe électrique.

De plus en plus grave ! Le rapport signale, en terminant, un loup-garou qui avait été aperçu sortant du bois, un homme à barbe probablement, le Dumolard des Césars, qui avait senti la chair fraîche, et aiguisait ses dents rouges de sang. Tremblez, César!

On me signale le départ de Jersey du nommé Huart, réfugié politique, homme dangereux sous tous les rapports, et capable, par son fanatisme démagogique, de se porter à tous les crimes. Huart aurait l'intention de se diriger sur Paris, à l'aide d'un vieux passeport. Quant au but de son voyage, les précautions mystérieuses dont il a enveloppé son départ, l'exaltation bien connue de ses opinions politiques et ses relations avec des hommes qui ont plus d'une fois manifesté leur espoir d'assassinat, tout porte à penser qu'il pourrait bien être un de ces émissaires chargés d'épier une occasion favorable pour attenter aux jours de l'Empereur. Je transmets à M. le préfet de police toutes les indications que j'ai pu recueillir sur cet individu, ainsi que son signalement, et le nom d'un ami chez lequel il pourrait descendre.

Le ministre secrétaire d'État
au département de la police générale,
DE MAUPAS.

*
* *

Retraite du général Espinasse.

A cette époque-là, tout allait bien encore; c'était le bon temps! On avait de la fermeté, de la vigilance, et l'on ne se serait pas permis le moindre relâchement. Cinq ans se passent, et non-seulement Maupas passe, mais ce doux, ce bon, ce cher général Espinasse, qui avait repris les rênes des mains de M. Billault, à la suite de l'attentat Orsini, est obligé de s'effacer à son tour, comme trop tiède et n'ayant pas encore la poigne assez solide pour tenir suffisamment tranquille la cavale domptée que montait le saltimbanque de Strasbourg, de Boulogne et autres lieux.

Cabinet du ministre de l'intérieur et de la sûreté générale.

Paris (juin 1858).

Sire,

D'après l'ouverture que vous m'avez faite hier, je prends la liberté de vous exposer mes idées sur la situation actuelle. Je le ferai avec la franchise que Votre Majesté permet à mon dévouement, en homme qui n'a pas ambitionné l'honneur d'arriver au ministère, qui est prêt à le quitter sans regret, mais qui ne voudrait pas emporter en le quittant le chagrin d'une faute commise par votre gouvernement, d'une sorte de désaveu qui serait fait par vous de tout ce qui explique et justifie l'avénement de Votre Majesté.

A mes yeux, Sire, la situation de 1851 et celle de 1858 ont bien plus d'analogie qu'on ne le suppose communément; le danger de la société est le même, il vient du même côté; et je ne crains pas de dire que la permanence même de ce danger est la raison d'être de l'empire établi par vos mains.

Si, de 1848 à 1851, toutes les institutions sociales n'avaient pas couru un péril tel qu'elles n'en ont jamais couru de plus grand, vous ne seriez qu'un ambitieux vulgaire ayant exploité à son profit quelques troubles passagers. Si le pays a vu et proclamé en vous son sauveur, c'est que ce péril a été immense et de la nature de ceux que six années sont bien insuffisantes à dissiper. La France le sait et la France veut aujourd'hui exactement ce qu'elle a voulu en 1851.

Supposer que la France a voulu renouer, en vous appelant au pouvoir, une tradition dynastique interrompue depuis trente-trois ans, c'est lui faire honneur de sentiments politiques que, par malheur, elle n'avait pas. Sans doute le nom de Napoléon avait dans le pays une immense popularité ; mais il était populaire comme symbole de gloire militaire et surtout comme symbole d'ordre. C'est l'ordre que le peuple a cherché en acclamant votre nom ; c'est l'horreur de l'anarchie républicaine qui a été, pour la seconde fois, le sacre de la dynastie napoléonienne.

Et la fermeté de votre conduite a justifié l'espoir du peuple; l'ordre rétabli, la France a semblé renaître : une prospérité inouïe, un élan prodigieux dans les affaires ont été aux yeux du monde l'éclatante justification du coup d'Etat; on peut dire que la France a vécu pendant trois ans sur cette idée que l'ordre public était désormais garanti par la volonté héroïque de Votre Majesté.

Que ce soit la faute des hommes ou des choses, le relâchement s'est fait ensuite. Dissimulé d'abord par les préoccupations de la guerre, il s'est révélé quand la paix a été conclue. Les partis hostiles ne s'y sont pas trompés, et leur sourde agitation a pu nous avertir qu'ils ne sentaient plus aussi ferme la main qui les avait contenu. Des drapeaux abattus se sont relevés, des oppositions réduites au silence ont repris la parole; le journalisme est redevenu une arène ouverte aux passions et aux espérances ravivées par les hésitations apparentes du gouvernement.

L'attitude prise aux élections générales par la faction démagogique a été le premier indice grave d'une situation dont l'odieux attentat du 14 janvier n'a pas été un crime isolé, comme quelques-uns l'ont prétendu; ce n'est pas un crime isolé que celui qui est connu, attendu, approuvé par tout un parti, et que tout un parti se tient prêt à exploiter s'il réussit.

En présence de cette féroce tentative et à la vue des coupables espérances qui se fondaient sur elle, la population a eu conscience du danger nouveau qu'elle courait, et un cri général est monté vers vous, Sire, un cri qu'il n'est que juste de traduire par ces mots : « Garantissez-nous encore une fois l'ordre, dont nous vous avons fait le représentant et l'arbitre; puisque le même péril nous menace, soyez ce que vous avez été déjà pour l'écarter de nos têtes! »

Votre Majesté a compris ce vœu de la France, et elle y a répondu par la loi de régence, par l'institution du conseil privé et les grands commandements militaires, par la loi de sûreté générale, enfin, j'ose le dire, par mon avénement au ministère de l'intérieur. Et Votre Majesté était si pénétrée du caractère de la situation telle que je viens de l'indiquer, qu'elle me faisait l'honneur de m'écrire le 15 février :

« Le corps social est rongé par une vermine dont il faut » coûte que coûte, se débarrasser. Il y a aussi des préfets » qu'il faut renvoyer, malgré leurs protecteurs. Je compte

» pour cela sur votre zèle : ne cherchez pas, par une mo-
» dération hors de saison, à rassurer ceux qui vous ont
» vu venir au ministère avec effroi. Il faut qu'on vous
» craigne ; sans cela votre nomination n'aurait pas de rai-
» son d'être. »

La situation a-t-elle changé et complétement changé depuis le 15 février ? ou bien y a-t-il eu excès dans les mesures de répression dont la pensée avait présidé à mon avénement au ministère ?

Affirmer que dans un espace de quatre mois, la situation est devenue toute différente de ce qu'elle était, ce serait affirmer une puérilité, que j'écarte sans hésiter d'une discussion sérieuse. Une telle assertion serait étrangement téméraire au moment où une réaction notable vers l'orléanisme est signalée à Paris, où un mouvement légitimiste assez considérable s'accomplit sur plusieurs points de la province ; au moment enfin où les preuves des menées démagogiques fourmillent entre nos mains ; mais, encore une fois, je ne veux pas m'appesantir sur un point qui ne peut pas soulever le moindre doute, et j'aborde la seconde question que je me suis posée : Y a-t-il eu excès dans les mesures répressives émanées de mon ministère ?

Je ne crains pas, Sire, de répondre tout d'abord négativement. Je n'ai pas eu plus de modération qu'il n'en fallait avoir, et cependant j'en ai eu plus que Votre Majesté m'en imposait. Dans une conversation familière que vous me permettez de rappeler, j'ai encouru de votre part ce reproche que « les militaires manquaient de courage civil. »

J'ai réduit à quarante l'état des six cents individus dangereux qui m'étaient signalés pour la seule ville de Paris ; j'ai réduit à deux cent soixante les dix mille arrestations qui étaient d'abord jugées nécessaires dans le reste de l'empire. Je n'ai pas donné d'avertissement à un seul journal, et en cela je n'ai pas même satisfait à toutes les exigences de l'opinion publique, car le journal *le Siècle*, contre lequel s'élevait une réprobation générale, subsiste encore.

Qu'il y ait eu dans les arrestations opérées quelques erreurs très-peu nombreuses, je suis loin de le contester ; elles portent sur des individus fort peu dignes d'intérêt ; elles tiennent un peu à la nature des choses, elles tiennent surtout au relâchement que je signalais tout à l'heure à Votre Majesté. Les préfets, livrés à eux-mêmes, vivaient tranquillement sur la foi des dossiers de 1852, sans s'être mis en peine le moins du monde des faits nouveaux qui avaient pu se produire.

Au point de vue administratif, j'ai fait preuve, permettez-moi de vous le dire, de la même modération ferme et circonspecte; j'ai imprimé aux services languissants de l'administration centrale l'activité honnête qu'ils doivent avoir; j'ai supprimé des dépenses inutiles autant qu'immorales, et dont il est honteux de grever le trésor public; j'ai mis en disponibilité quelques-uns de « ces préfets qu'il fallait renvoyer malgré leurs protecteurs; » mais j'ai prouvé à tous que l'on parvenait sans peine jusqu'à moi, et que j'étais accessible à toute réclamation fondée et à toute prétention légitime.

Ceux qu'avait pu d'abord émouvoir l'avénement d'un général se sont convaincus, en l'approchant, qu'ils avaient affaire à un homme qui saurait être ferme au besoin, mais qui serait prudent et bienveillant toujours et qui donnerait à tous l'exemple du travail persévérant et des déterminations consciencieuses et promptes.

Je vous parle de moi comme je vous parlerai d'un autre, tant je me considère comme désintéressé dans la question que Votre Majesté m'autorise à traiter, non pas que je ne sache l'impression bien fâcheuse pour ma réputation que peut produire mon éloignement des affaires après une aussi courte administration; — mais c'est des intérêts de votre gouvernement que je veux avant tout me préoccuper.

Si la situation est exactement la même aujourd'hui que le 7 février; si je me suis tenu en deçà plutôt qu'au delà des instructions de Votre Majesté dans les mesures répressives qu'elle attendait de moi; si je suis parvenu à contenir les anarchistes par la seule crainte de mon nom et sans recourir à des sévérités excessives, quelles appréhensions ma présence au ministère peut-elle provoquer aujourd'hui? Il règne une vague inquiétude, dit-on, et les affaires ne vont pas; mais les affaires ne vont nulle part, et cela ne surprend personne dans les autres pays; et c'est la suite de la crise commerciale que l'on vient de traverser.

Quant à l'inquiétude dont on parle, il faudrait se demander d'abord si elle a une raison d'être, et, dans le cas où rien ne la justifierait, laisser le calme se faire de lui-même dans les esprits. D'ailleurs, si cette inquiétude existe, la cause n'en serait-elle pas tout autre part que dans la personnalité d'un ministre?

Je suis profondément convaincu que la France ne se

plaint pas d'être trop doucement ni trop durement gouvernée, et que les alarmes, si elles sont réelles, viennent d'une crainte toute opposée, de la crainte de manquer de gouvernement et d'être livrée à l'anarchie, le jour où une tentative criminelle, que Dieu veuille détourner! viendrait atteindre Votre Majesté.

Ecarter du ministère un homme dans le dévouement et la fermeté duquel les amis de l'ordre mettent leur confiance, est-ce le moyen de calmer cette inquiétude? Ce ne peut l'être qu'à une condition, Sire, c'est que vous le remplaciez par un homme plus ferme et plus dévoué que lui.

De deux choses l'une : ou Votre Majesté veut modifier son système, démentir ses antécédents, cesser, selon moi, de répondre aux vœux et aux besoins les plus impérieux du pays, et alors, je le reconnais, je ne suis ni ne puis être l'homme d'une pareille mission; ou bien Votre Majesté veut, avec raison, persévérer dans les principes d'autorité vigilante qui sont et qui doivent rester la base même de son gouvernement, tout en relâchant, dans une juste mesure, ce qu'une situation exceptionnelle avait nécessairement un peu trop tendu, et, dans ce cas, les rênes ne peuvent être relâchées convenablement que par un homme que l'on sait capable de les resserrer au besoin d'une main vigoureuse.

Ecarter cet homme, c'est jeter à l'inquiétude publique un nouvel aliment, c'est la justifier par une apparence de versatilité et de faiblesse, sans contenter le moins du monde ceux qui, au fond, visent au renversement des institutions impériales. Nous ne sommes plus à l'époque où un déplacement de majorité parlementaire provoquait une crise ministérielle. Les changements de personnes sont autrement interprétés aujourd'hui, et celui que Votre Majesté médite ne peut avoir, ce me semble, qu'une interprétation bien contraire à l'esprit de suite qu'on aime à voir dans son gouvernement.

J'ajoute que tout le bien qu'il reste à faire, toutes les réformes qui sont encore à opérer au département de l'intérieur, exigent que le ministre chargé de cette délicate mission ne vive pas au jour le jour. Il a besoin non-seulement de votre pleine confiance, mais encore du temps et de la stabilité nécessaires pour vous servir utilement.

Notre conversation d'hier me faisant craindre que ma position ne puisse être à tout moment, et surtout en mon absence, mise à la merci de quelques propos malveillants, de quelques appréhensions sans réalité qui arrivent jusqu'à vous, je viens prier Votre Majesté de vouloir bien agréer ma démission.

Je viens de vous parler bien librement, Sire. Je m'assure que Votre Majesté me le pardonnera ; la sincérité de mon langage est égale à l'étendue de mon dévouement et au profond et affectueux respect avec lequel je suis, de Votre Majesté, le fidèle sujet.

Général ESPINASSE.

*
* *

L'obéissance passive.

Les pièces suivantes donneront au lecteur une idée de la manière dont l'Empire humiliait et avilissait ses fonctionnaires, en s'efforçant de les transformer en mouchards :

Lettres de M. de Bouyn, capitaine de gendarmerie, au sujet d'ordres illégaux qui lui avaient été envoyés.

I

A Sa Majesté l'Empereur.

Paris, le 8 janvier 1867.

Sire,

Le capitaine de Bouyn (Frédéric) vous supplie de lui accorder la grâce de venir devant Votre Majesté pour lui faire connaître les mesures qui portent atteinte à la dignité d'une arme dont tous les actes doivent être publics et jamais de nature à détruire sa considération.

Le décret impérial du 1er mars 1854, art. 119, est ainsi conçu : « *Dans aucun cas, ni directement ni indirectement, la gendarmerie ne doit recevoir de missions occultes qui lui enlèvent son caractère véritable.*

D'après des instructions que j'ai entre les mains, il m'a été ordonné de dire combien dans mon arrondissement il y a de légitimistes, orléanistes, républicains, socialistes, etc., de surveiller leurs démarches, allées et venues, *leurs relations*, *leurs faits et paroles*, les connaître et *les nommer*.

Tous mes subordonnés doivent être employés par moi à remplir cette mission et doivent me faire des rapports.

Dans d'autres circonstances, mes subordonnés ont dû, en exécution d'ordres qu'on m'avait laissé ignorer, employer tous les moyens pour assurer une candidature, empêcher celle d'une autre personne, quelque honorable qu'elle fût, malgré toutes les sympathies des populations et des autorités du pays, parce que, pour des motifs personnels, on préférait le premier. J'ai défendu à mes subordonnés d'exécuter ces ordres, qui étaient imprudents.

Toutes ces mesures ont un inconvénient plus grand que de déconsidérer une arme; elles peuvent porter atteinte aux sympathies si justement acquises à Votre Majesté.

Un décret de vous, Sire, est un ordre suprême. Je dois obéir dans la sage mesure des dispositions qu'il trace, et non à ce qu'un zèle mal entendu peut y ajouter.

Vous avez voulu, Sire, que la gendarmerie veillât au repos public, qu'elle fît respecter la loi, qu'elle fût la protectrice de tous, qu'elle fût paternelle, mais redoutée seulement par les malfaiteurs. Rien dans sa manière d'être ne doit exciter de la méfiance, rien ne doit faire supposer que ses devoirs demandent mystères et ténèbres.

Le jour où devant moi tout le monde se tairait, ce jour-là je serais honteux de moi-même et me croirais déshonoré.

Il ne peut être de la compétence de la gendarmerie de chercher à pénétrer les tendances politiques de chacun. Elle ne doit pas abuser de la confiance qu'on peut avoir dans la dignité qu'on lui suppose.

Un officier qui profiterait de son accès dans le monde pour étudier les gens, pour les signaler, méconnaîtrait sa dignité et ses devoirs. Il arrive un jour où les malintentionnés se trahissent eux-mêmes, et c'est alors qu'ils se trouvent en face de la gendarmerie, toujours fidèle à sa mission, et d'autant plus prompte qu'elle ne coûte rien à sa délicatesse.

Je vous supplie, Sire, de m'accorder l'insigne honneur d'être admis devant Votre Majesté, non pas pour accuser qui que ce soit, mais pour vous faire connaître des faits dont les conséquences ont pour résultat de donner des rapports inexacts, d'indisposer les populations et de faire des ennemis à votre gouvernement.

Fils d'un ancien officier supérieur du premier empire, c'est vous-même qui m'avez placé la croix sur la poitrine et je m'en souviendrai toujours. Comme moi, mes deux frères sont dans l'armée, mais comme moi (je n'en doute pas) ils renonceraient à leur carrière le jour où l'on exigerait d'eux quelque chose d'incompatible avec la délicatesse.

J'ai l'honneur d'être, avec un très-profond respect, Sire, de Votre Majesté, le très-humble et très-dévoué sujet.

Le capitaine de gendarmerie,
FRÉDÉRIC DE BOUYN.

A Aurillac (Cantal).

—

Cabinet de l'empereur.

Palais des Tuileries, le 22 janvier 1857.

Monsieur,

La première loi de la hiérarchie militaire est d'exécuter sans commentaires, sans interprétation fâcheuse, les instructions transmises par ses supérieurs. Ce n'est donc pas sans une surprise extrême que l'Empereur a reçu une demande d'audience pour discuter les ordres émanés de vos chefs. A l'avance même, vous leur donnez la qualification d'*occultes*, qui emporte toujours avec elle quelque chose d'odieux; vous pouvez en recevoir de confidentiels, mais non d'occultes, de ténébreux. Aussi, loin de vous accorder l'entretien que vous sollicitez, Sa Majesté me charge de vous témoigner formellement toute sa désapprobation.

A M. Bouyn, capitaine de gendarmerie (Cantal).

—

II

Aurillac, le 3 février 1857.

Monsieur,

M. de Bouyn, capitaine de gendarmerie à Aurillac, et non *Brouyn*, à qui vous avez répondu, a adressé à Sa Majesté une supplique tendant à avoir l'honneur de l'entretenir d'une instruction du commandant de la compagnie de gendarmerie du Cantal qui lui enjoint, entre autres dispositions, « de rechercher et de faire chercher » par des chefs de brigade le nombre de légitimistes, » orléanistes, républicains, socialistes, etc., surveiller » leurs marches, *allées et venues*, *leurs relations*, leurs » faits et *paroles*, et de les *nommer* sur mon rapport tou- » jours et toujours. »

En réponse à cette supplique, vous m'avez fait connaître le refus de Sa Majesté de m'entendre et son extrême surprise que je me permisse de discuter des ordres émanés d'un chef, et, à ce propos, vous me rappelez que la première loi de la hiérarchie militaire est d'exécuter sans commentaires les instructions transmises par un supérieur.

Permettez-moi, monsieur, d'avoir l'honneur de vous faire observer que l'ordre *dont je suis saisi* et dont je cite les termes est trop clair, trop précis, trop impératif, pour être susceptible d'interprétation aléatoire quelconque; il est une violation intelligente et coupable de l'article 119 du *décret de l'Empereur* du 1er mars 1854.

Je me suis refusé résolûment, à mes risques et périls, à y prêter mon concours, parce que j'y ai reconnu l'acte d'un zèle immesuré, d'une ambition mal déguisée, sans efficacité aucune, et pouvant avoir les plus graves inconvénients, par suite de son envoi dans tous les cantons d'un département; un acte enfin contre lequel ma dignité d'officier, ma délicatesse, ma conscience, se révoltaient.

Là j'ai vu la limite de la subordination militaire, qu'en deçà de ces graves motifs je reconnais, comme vous, pour la première loi de la hiérarchie militaire.

En dehors des mesures de police dont M. le commandant de la compagnie du Cantal a le *triste mérite de l'invention*, car il n'existe rien de semblable dans les autres légions, la gendarmerie a des devoirs importants et difficiles, qu'elle sait remplir et qui ne sont pas incompatibles avec sa dignité et le premier rang qu'elle tient dans l'armée; à ceux-là, je n'ai jamais fait défaut, l'extrait de la lettre de M. le commandant de la compagnie de la Nièvre, par laquelle il m'annonce ma mise à l'ordre du jour de la légion, en fait foi :

« Je m'empresse, avec le plus grand plaisir, de vous adresser l'ordre de la légion que M. le colonel a bien voulu donner sur mon rapport; vous y trouverez, j'espère, la juste appréciation de votre zèle et de votre haute intelligence.

Signé : PINARD. »

Puni d'un mois d'arrêts immérités, l'ordre de mon renvoi de la gendarmerie à la veille d'être décidé, j'ai eu le tort, dans cette pénible position, d'élever tout d'abord ma pensée d'espérance vers l'Empereur. Je le regrette vivement, puisque S. M. vous a chargé de me témoigner toute sa désapprobation; j'aime encore à espérer pourtant que Sa Majesté verra dans cette démarche spontanée un juste témoignage de la confiance que tout ce qui tient à l'armée a dans sa haute justice et sa bienveillance, et qu'elle ne permettra pas que des sentiments d'honorable susceptibilité deviennent la cause de la perte de la carrière d'un officier qui compte vingt ans de services, chevalier de la Légion d'honneur, quatorze ou quinze campagnes, et qui est revenu de Crimée avec un pied brisé; aimé, estimé et apprécié par un si grand nombre d'officiers, de plus ayant deux frères au service (la belle-mère du plus jeune est la sœur de Mme la marquise de Mac-Mahon et la tante de M. le colonel des guides), mon renvoi de la gendarmerie pour avoir réclamé avec l'énergie que donne le bon droit contre une sévérité imméritée, pour n'avoir fait qu'invoquer le règlement contre des mesures de basse police auxquelles un commandant veut m'associer, tout cela produira un effet très-regrettable.

Après avoir été chargé de me porter, au nom de l'Empereur, des reproches affligeants, je fais des vœux, monsieur, pour que ces observations excitent chez vous quelque intérêt et vous décident à m'accorder votre interposition officieuse, afin qu'elles ne restent pas ignorées de Sa Majesté.

J'ai l'honneur d'être, avec un profond respect, monsieur, votre très-humble et très-obéissant serviteur.

Le capitaine de gendarmerie d'Aurillac,

F. DE BOUYN.

A côté de ce digne fonctionnaire, qui ne veut pas rougir de lui-même et renonce à sa carrière plutôt que d'accepter un rôle incompatible avec la délicatesse, plaçons le préfet quémandeur et... rapporteur, qui s'aplatit pour s'insinuer plus facilement dans les bonnes grâces du pouvoir et y trouver son compte :

Lettre de G. d'Auribeau, préfet des Basses-Pyrénées, à M. Fr. Piétri.

Préfecture des Basses-Pyrénées.
CABINET DU PRÉFET.

Paris, le 10 février 1870.

Mon cher Piétri,

J'ai reçu vos dix billets de mille ; ils sont arrivés aussi neufs qu'ils étaient partis. Nous serons prêts pour le mois d'août, mais on travaille peu en ce moment à cause de la grosse mer.

Nous sommes éreintés ; on se couche tous les matins à cinq heures, et il me tarde que le carême arrive, il y a un peu trop de princes à la clef, mais ils sont bons princes, et il ne faut pas s'en plaindre, cela fait bien dans *le Sport* et *la Gazette des Etrangers*. Je demande plus que jamais à rester ici, surtout *quand je serai* de première classe.

Votre bien dévoué,
G. D'AURIBEAU.

—

(Octobre 1868.)

Mon cher Piétri,

Je suis (*sic*) passé, il y a cinq jours, avec Mme d'Auribeau, par Paris, me rendant en toute hâte à Chantilly, auprès de mon beau-père, qui a une attaque d'apoplexie ; je l'ai quitté, il y a deux jours, un peu mieux ; mais il a quatre-vingt-quatre ans ! Je n'ai pas cherché à vous voir, je n'avais rien de bien important à vous dire. Je suis revenu ici pour le départ de la reine (d'Espagne). Il a eu lieu ce matin à sept heures. Un temps affreux, peu de monde, pas de manifestations ; la Reine très-émue et très-affectueuse.

Je vous envoie une copie de la lettre qu'elle m'a remise en partant.

Je vous adresse également le manifeste de Marfori, cette pièce curieuse ; si vous y comprenez quelque chose, vous voudrez me le dire. La rectification insérée au numéro suivant du *Mémorial*, que je vous adresse également, prouve bien l'authenticité de la note.

Marfori est parti hier de Pau pour Paris ; il a coupé ses favoris, sans doute pour éviter que les Parisiennes ne le reconnaissent et ne se l'arrachent.

Le comte de Ezpeleta le remplace auprès de la Reine; c'est un excellent homme qui n'est pas Marfori du tout.

Les terrains de Saint-Esprit ont été mis en adjudication hier. Un seul lot a été vendu ; deux autres lots vont l'être de gré à gré ; le prix moyen est de 16 fr. 25 le mètre; mais je doute que la ville puisse vendre la totalité de ses terrains à ce prix. Je crois qu'en offrant de 8 à 10 fr., on serait très-généreux, et que le conseil accepterait cette offre avec grand plaisir.

J'ai reçu la note du maître d'hôtel qui a été chargé de nourrir la Reine et la cour jusqu'au moment où la maison a été organisée, c'est-à-dire *pendant quatre jours*. Cette note m'a paru exorbitante : 3,600 francs, c'est-à-dire 900 francs par jour. Je suis en pourparlers avec le maître d'hôtel pour obtenir les justifications de ses prétentions.

Je n'ai plus d'argent; si vous ne voulez pas en demander maintenant, je ferai les avances nécessaires, car la presque totalité des dépenses portées à mon budget doivent être soldées immédiatement. Ce sont des secours ou des travaux comme ceux de la pointe du phare, qui doivent être exécutés tout de suite.

Les maisons ouvrières de Bayonne terminées vont être louées. Le comité de la Société du prince impérial s'occupe, en ce moment, du choix des locataires. Les demandes sont très-nombreuses.

Fort peu de monde à Pau jusqu'à présent, et du vilain monde. J'irai vous voir vers le 10 décembre et je vous porterai mes comptes.

Votre bien dévoué,

D. D'AURIBEAU.

Une petite place ici, s'il vous plaît, pour Mgr Donnet, archevêque de Bordeaux :

Lettre du cardinal Donnet à l'Empereur, sur la mort du prince Jérôme.

Archevêché de Bordeaux.

Verdelais, en cours de visite pastorale, le 2 juillet 1860.

Sire,

La mort de S. A. I. le prince Jérome, en affligeant le

cœur de V. M., a excité de douloureuses sympathies dans la France entière.

Vos sujets ont été atteints dans le plus intime de leur âme par ce cruel événement.

Touchante communauté de sentiments qui témoignent qu'entre la France et son empereur il existe des liens impérissables, qui, formés en des jours de bonheur, se resserreraient dans les épreuves !

Sire, que cette pensée soit votre consolation dans cette pénible circonstance. Quand on se sait aidé par l'affection d'autrui, on porte plus facilement le poids de sa douleur. Or celle-ci, tout un peuple la porte avec Votre Majesté.

J'unis mes regrets aux vôtres et à ceux de l'Impératrice, dont l'âme si sensible a dû particulièrement souffrir de la perte d'un oncle qu'elle a toujours entouré de son pieux respect et de sa filiale affection. Je prie Votre Majesté d'agréer en même temps l'assurance que mes prières ne manqueront pas à celui qui, après avoir pris part aux gloires et aux revers de son pays, a vu ses derniers ans consolés par le retour de sa famille sur ce beau trône de France et vient de mourir entouré de tous les secours d'une religion qu'il aimait.

Je suis, Sire, de Votre Majesté, avec le plus profond respect et le plus inaltérable dévouement, le très-humble et très-obéissant serviteur et sujet.

FERDINAND, cardinal DONNET.
Archevêque de Bordeaux, sénateur.

Un artiste zélé maintenant, qui songe à sa sœur, le brave homme :

Lettre de M. F. Cottrau, inspecteur des beaux-arts à M. Conneau, au sujet des bas-reliefs du tombeau de Napoléon Ier aux Invalides.

(Cette lettre, sans date, a été écrite en 1852.)

Inspection générale des beaux-arts.

—

Paris, le..... 185 .

Mon cher Conneau,

On place dans le tombeau de l'Empereur, à l'entrée de

la crypte, deux bas-reliefs représentant le prince de Joinville à Sainte-Hélène et Louis-Philippe recevant les restes de l'Empereur. Je trouve cela inconvenant. Je viens d'en causer avec Romieu, qui est de mon avis ; mais que faire sans connaître la volonté du prince à ce sujet? Il n'y a que toi qui puisse nous tirer d'embarras en consultant le prince. S'il est d'avis d'enlever ces sculptures, cela sera fait en un instant sans que personne le sache ; nous n'avons plus de commission hostile, fort heureusement. Tu sais le mal que je me suis donné, combien j'ai dû batailler pour obtenir un aigle, un chiffre. Tâche de me donner une réponse tout de suite. Je ne manque pas à la hiérarchie en faisant cette démarche ; c'est du consentement du directeur des beaux-arts.

Tout à toi de cœur.

FÉLIX COTTRAU.

Crois-tu que le prince ait pensé à ma sœur?

Et un mandarin lettré à boutons d'or, l'écrivain chéri de la cour et de l'office, trop ébloui des grâces et des charmes de sa souveraine pour songer à autre chose ; ce qui explique qu'il ait oublié sa sœur, celui-là :

Lettre de M. Octave Feuillet à l'Impératrice

Saint-Lô, 29 juillet 1870.

Madame,

« Vous vous plaisez aux choses héroïques, et voici que Dieu vous envoie des épreuves à la hauteur de votre âme. Jamais émotions plus grandes n'entrèrent dans un cœur plus digne de les ressentir. Je viens m'incliner à cette heure solennelle devant V. M., et déposer à vos pieds les vœux que je fais pour la patrie. Vous en êtes en ce moment, madame, la vivante image. On peut lire sur votre noble front tous les sentiments dont elle est animée, tout ce qu'elle souffre et tout ce qu'elle espère, ses déchirements, sa fierté, son enthousiasme, sa foi. L'âme de la France est en vous.

Soyez heureuse, madame ! soyez heureuse de voir vos destinées et celles de cette grande nation si étroitement unies aujourd'hui par le danger, demain par la gloire !

Que Dieu garde l'Empereur et votre fils !

Je sais, madame, que ma voix est bien peu de chose en de tels instants. Mais je connais le cœur de Votre Majesté, et je sais qu'au milieu de ses émotions souveraines, il agréera pourtant avec bonté l'hommage de ma pensée si profondément dévouée, respectueuse et fidèle.

OCTAVE FEUILLET.

*
* *

Les malins de l'Empire.

En tête de ceux-là, il faut placer M. Rouher, qui voyait parfaitement que l'Empire, une fois sur la pente du libéralisme, devait infailliblement faire la culbute, et qu'il n'y avait qu'un moyen pour lui de se soutenir, celui de rester fidèle à son origine et de ne pas déroger. Dès 1867, M. Rouher avait vu la barque dériver et criait casse-cou ! en engageant vivement le maître à revenir au point de départ. Voici cette lettre :

Lettre de M. Rouher à l'Empereur.

Cercey, 27 septembre 1867.

Sire,

On a pendant si longtemps entretenu les classes populaires de fausses croyances en économie politique, qu'il ne faut pas trop s'étonner que, après quatre années seulement, l'ignorance soit encore profonde sur les conditions d'oscillation des prix de la marchandise. Aussi bien le commerce de la boulangerie est placé sous un régime bâtard qui entretient dans les rangs secondaires de l'administration et parmi les boulangers des divergences ou des incertitudes tout à fait nuisibles au développement de la libre concurrence.

Pendant que les uns s'efforcent de dégager le gouvernement de toute responsabilité dans les crises alimentaires, en invoquant les principes du libre commerce, les autres cherchent à engager cette responsabilité sous toutes les formes : par la réglementation de la profession de boulanger, par la taxe, par les approvisionnements de réserve, par le système grandiose, mais décevant, de la compensation. Je ne veux pas nier que quelques-unes de ces mesures aient eu une vérité relative alors que le commerce international n'était pas fondé et que même les communications de province à province étaient imparfaitement établies ; mais Votre Majesté fait luire la vérité d'un mot en constatant que la liberté du commerce du pain existe partout dans le monde.

Je me hâte d'ajouter, Sire, qu'en constatant ces anomalies dans le sein des administrations, je ne fais aucune allusion à M. le préfet de la Seine, au contraire. Dans l'entretien que j'ai eu avec lui sur ce sujet, je l'ai trouvé parfaitement courtois, et peu disposé à rentrer sans nécessité impérieuse dans les anciens errements administratifs. Je serais plutôt enclin à croire que le préfet de police s'exagère un peu l'émotion populaire dans les faubourgs, et qu'il attache une trop grande importance à des assertions banales d'agents secondaires, d'autant plus que la concurrence des arrivages considérables constatés par la douane s'est déjà vulgarisée et que tout le monde s'attend à une certaine baisse.

Je ne veux pas conclure par ces observations l'inutilité de la brochure dont Votre Majesté désire la publication. Au contraire, la propagation de la vérité me paraît toujours nécessaire et spécialement opportune dans les circonstances actuelles.

Dès hier j'ai fait appeler un ancien rédacteur de *l'Avenir commercial* qui connaît à fond ces matières et que je prierai de se livrer immédiatement à ce travail. Au besoin je confierai une étude analogue à d'autres écrivains; j'ai dans ce but rendez-vous avec le préfet de police. Nous devons en même temps causer de cette question délicate de dissolution du Cercle du Louvre, dont parle le dernier rapport de police.

Mes conversations à Paris roulent sur le thème traité dans les correspondances adressées à Votre Majesté. Cette confiance de commande manifestée par les opposants, ces découragements trop faciles de la part de nos amis ne sont pas choses nouvelles. Il semble même que ces crises aient quelque chose d'endémique et que leur périodicité soit marquée par l'arrière-saison. L'Empereur n'a pas perdu le souvenir de ces inquiétudes fatidiques, et cependant dénuées de tout fondement, qui se sont propagées à d'autres époques. Ces symptômes ne me semblent pas plus redoutables aujourd'hui qu'alors. Cependant il est bon de chercher à s'en rendre compte et de trouver un remède au mal, s'il y en a. Les préoccupations publiques me paraissent se résumer dans deux points principaux : la prévision de la guerre, les excès quotidiens de la presse.

Sur le premier point, le débat se concentre dans cette unique question : Le gouvernement impérial consentira-t-il ou non à l'incorporation imminente des Etats du Sud dans la Confédération du Nord? Votre Majesté peut-elle dès aujourd'hui, pour ainsi dire *à priori*, donner à cette question une solution précise et énergique? La prudence et la réserve du langage ne nous sont-elles pas imposées? Mais les intérêts privés et les passions de la polémique ne tiennent aucun compte de ces nécessités gouvernementales et diplomatiques. On demande un oui ou un non bien absolu et bien carré, comme si un gouvernement pouvait proclamer la paix quand même, et quels que puissent être les événements ultérieurs, comme si une déclaration semblable, en excitant les rivalités, n'était pas plus propre à conduire à la guerre que toute autre attitude.

Quoi qu'il en soit, les appréhensions suivent une proportion géométrique, et la stagnation des affaires, chaque jour plus accentuée, excite déjà les plaintes vives des centres industriels. Je suppose que Votre Majesté, lassée de cette position équivoque, veuille faire une déclaration explicite. Que dira-t-elle? Réclamera-t-elle la ligne du Mein comme la limite contractuelle de la Confédération du Nord, et la violation de cette limite comme un *casus belli*? Il est de toute évidence qu'une pareille déclaration jetterait l'alarme dans tous les intérêts, et nous conduirait précipitamment, à travers des incidents diplomatiques très-rapides, à la guerre avec l'Allemagne. Or, sommes-nous prêts?

L'Empereur ferait-il, au contraire, connaître que l'union des Etats du Sud avec ceux du Nord est une question de nationalité à laquelle la France demeure indifférente et étrangère, mais que l'intégrité de l'empire d'Autriche et celle de la Hollande devront être respectées absolument par la Prusse?

Cette résignation officielle, véritable provocation à

l'unité, apaiserait peut-être momentanément certains esprits ; mais n'aurait-elle pas d'autres inconvénients bien graves ! 1° Ne serait-elle pas contraire aux idées échangées à Salzbourg ? 2° Ne produirait-elle pas dans l'armée, dont nous avons besoin, le plus détestable effet ? 3° N'autoriserait-elle pas plus que jamais cette perfide, cruelle et incessante attaque dont tous les journaux opposants sont remplis : « La France est descendue au troisième rang ? »

Donc la nature des choses nous condamne à une politique d'expectative consacrée à fortifier le courage des gouvernements des Etats du Sud, à nous organiser militairement, à préparer nos alliances, et destinée à prendre ultérieurement conseil de la situation générale de l'Europe, soit pour consolider la paix, soit pour engager un duel redoutable avec la Prusse, soit pour prendre résolûment autour de nous des compensations nécessaires.

Quant au second point, il est incontestable que le dévergondage de la presse jette un trouble profond dans les esprits et donne à nos amis un sentiment de grande insécurité pour l'avenir. Accoutumés aux traditions antérieures, ils réclament l'intervention de la main modératrice du gouvernement pour arrêter ces polémiques désordonnées qui irritent, déconsidèrent et affaiblissent toutes les choses et toutes les personnes du gouvernement. Ils ne l'aperçoivent pas et s'écrient : « On ne sent plus la main » du gouvernement : il n'y a plus ni unité ni énergie dans » l'administration. »

Eh bien ! il faut le constater avec netteté une fois pour toutes, c'est là un véritable anachronisme. L'inauguration de la liberté de la presse a constitué une véritable révolution dans notre régime politique. Le gouvernement et les pouvoirs publics sont appelés désormais à vivre dans une atmosphère nouvelle. Le pays est assujetti à une grande épreuve, dont il est, quant à présent, bien difficile de préjuger l'issue. Toutes les questions importantes ou minimes sont portées sur la place publique et présentées à la foule sous un verre grossissant. Chaque montreur de lunette a son public, et les journaux du gouvernement, qui n'emploient que des conserves, ont très-peu de clientèle. Le pays éclairé s'affranchira-t-il des excitations énergiques de la presse, et ce quatrième pouvoir perdra-t-il son autorité malfaisante pour ne conserver que son rôle de contrôleur vigilant et utile ? Là est le problème dont l'Empereur a voulu poursuivre la solution par les réformes du 19 janvier.

Mais ces réformes n'ont pas encore reçu leur consécration définitive; beaucoup de personnes, en l'avouant, ou sans le confesser, conviennent des inévitables périls de l'expérience, veulent s'arrêter, et demandent sous des formes diverses, à l'Empereur de revenir sur son programme.

Hier encore un ami dévoué du gouvernement me disait : « Le pays ne veut ni de la liberté de la presse, ni du droit » de réunion ; il redoute avec raison ces ferments révolu- » tionnaires. Le moyen pour l'Empereur de se débarras- » ser sans une trop grande compromission d'un pro- » gramme dont les mois qui viennent de s'écouler ont dé- » montré les vices, est très-simple : il faut retirer la loi » sur l'armée, publier un rapport financier annonçant un » dégrèvement d'impôt, et dissoudre la Chambre. En » réélisant les mêmes députés, les colléges auront con- » damné les réformes; ainsi la responsabilité appar- » tiendra au pays, qui après tout est le juge souverain. »

Cette politique a sa précision, et au moins une virilité du moment, sinon une virilité de longue haleine. Je la comprends, si je ne la conseille pas, et j'ai dit quelques-uns de mes motifs dans la note sur les élections. La détermination que prendra Votre Majesté sur la date de la dissolution du Corps-Législatif en contient implicitement l'adoption ou le rejet.

Mais autant il serait difficile de ne pas louvoyer actuellement dans les affaires extérieures, autant il serait nécessaire d'avoir devant le suffrage universel une allure déterminée. Il faudrait lui dire carrément : « Le journalisme » et les passions ennemies tournent violemment toute li- » berté nouvelle contre la stabilité des institutions ; le pays » est loyalement consulté sur la convenance de l'ajourne- » ment des réformes proposées le 19 janvier. » A ce point de vue, je demande à Votre Majesté la permission de lui soumettre une objection respectueuse à l'égard des indications transmises par l'ordre de l'Empereur à M. de Saint-Paul, et destinées à servir de thème à quelques articles de journaux.

Une polémique dans ce sens, si voilée qu'elle soit, fournirait bien vite l'occasion ou le prétexte à tous les journaux de crier à la réaction et même à la trahison. Il me paraît tout à fait inutile de donner un pareil prétexte aux agressions. La résolution d'un retour n'est pas de celles qu'on puisse utilement pressentir en la versant dans la polémique des journaux. Il faudrait carrément la poser devant le pays, lui demander sa décision, et du même coup reprendre les armes disciplinaires conférées à l'administration par le décret de 1852.

En dehors de cette ligne de conduite, toute indécision, tout tâtonnement ne feraient qu'augmenter le trouble des esprits et l'ardeur des attaques. Je croirais donc, jusqu'à nouvel ordre, plus sage de ne pas faire les publications indiquées par Votre Majesté.

J'ai répondu par le télégraphe à la bienveillante invitation de Votre Majesté ; je lui en témoigne de nouveau mes remercîments.

Daignez, sire, agréer l'assurance de mon profond respect et de mon entier dévouement.

E. ROUHER.

M. de Persigny aussi était pour le rétablissement de l'autorité, même avant M. Rouher, puisqu'il trouvait qu'il ne suffisait même pas des belles paroles de celui-ci pour arriver à ce résultat :

Lettre de M. de Persigny à Napoléon.

Il s'agit d'un amendement au projet d'adresse qui, soutenu par MM. Ollivier, Buffet, etc., combattu par M. Rouher, obtint non pas 65 voix, mais 61.

Sire, M. Rouher a fait un magnifique discours, quoique affaibli pour une concession que je regrette. Il a remis les principes à leur place et il en était temps. Mais je me permettrai de dire à ce sujet comme Catherine de Médicis : « Le drap est bien coupé, il faut maintenant le coudre », c'est-à-dire : il faut rétablir l'autorité par des actes. Or, comme ce n'est pas par des discours, ni par les attaques des ennemis que l'autorité a été ébranlée, mais bien par la faiblesse du pouvoir, ce n'est pas par des paroles qu'on peut la rétablir. Dans huit jours on aura oublié le discours du ministre comme celui de l'opposition, et la situation continuera en s'aggravant si l'on ne prend pas en toutes choses l'attitude que réclame le pays.

J'ai assisté aux principales séances de la Chambre. Cette Chambre est excellente; aussitôt qu'on fait acte d'énergie et d'autorité, elle applaudit avec transport. Si depuis deux ans on n'avait pas mis tout en question et même les candidatures officielles, il n'y aurait pas eu cette défection que signale le chiffre 65. Au lieu de se ménager un effet oratoire pour la fin de la discussion de l'adresse, si M. Rouher dès le début avait posé carrément la question comme il l'a fait à la fin, l'amendement n'aurait pas eu lieu, et un fait grave, le chiffre de 65, ne serait pas venu accroître la situation en sollicitant de nouvelles défections.

On a fait juste le contraire de ce qu'il fallait faire. M. Rouher a fait au Sénat contre moi une harangue d'un libéralisme exagéré, et il a ainsi encouragé les esprits dans cette voie. Puis il ne parle au Corps-Législatif que quand les positions sont prises, les amours-propres engagés et les noms compromis. Tout cela, calcul d'orateur qui se ménage un succès ; mais politique nulle.

Néanmoins le discours en lui-même est une déclaration excellente à laquelle je m'empresse d'applaudir. Mais Dieu veuille que les paroles soient suivies d'effet.

Je suis avec respect, sire, de Votre Majesté, le très-humble et dévoué serviteur. PERSIGNY.

Paris, ce 20 mars 1866.

*
* *

Interdiction de la publication de l'Encyclique.

En sa qualité de fils aîné de l'Eglise, époux de la rosière du pape (1), le sacripant cafard qui avait nom Napoléon III attachait un vif intérêt à tout ce qui concernait les relations de son gouvernement avec la cour de Rome. Aussi n'est-ce pas sans hésitation et sans scrupule qu'il prit,

(1) On sait que la rose d'or fut décernée à l'impératrice Eugénie, comme à sa compatriote, la gracieuse reine de toutes les Espagnes, qui mit la sienne à la boutonnière de Marfori.

en 1864, la résolution d'interdire la publication du *Syllabus* en France. Ce qui l'y détermina, — on le verra dans l'analyse suivante des lettres de l'épiscopat français sur cette affaire, — c'est la crainte, suggérée très-confidentiellement par un évêque bon apôtre, que l'habitude d'une soumission trop absolue aux volontés du Vatican n'enhardît quelque jour le Saint-Père à déposer son bien-aimé fils. Nous appelons particulièrement l'attention sur cette pièce très-curieuse :

Analyse des lettres de l'épiscopat.

L'évêque de Saint-Dié, M. Caverot, déclare au ministre des cultes « que l'interdiction qu'on lui impose impliquerait pour lui, devant Dieu et devant les hommes, une responsabilité qu'il ne saurait accepter. »

Il ne croit pas, d'ailleurs, que le Pape ait blâmé les gouvernements d'avoir fait certaines concessions et accordé certaines tolérances méconnues des âges précédents. Il n'a fait qu'obéir à la force des choses. Mais il ne leur accorde pas le droit de présenter doctrinalement et d'une manière absolue cet état de choses comme le seul vrai et bon en soi, comme la condition normale de la société.

En terminant, il le conjure de revenir sur cette circulaire, ou au moins de ne point lui donner une publicité prématurée.

M. Ginoux, évêque de Beauvais, est douloureusement affecté d'une interdiction qui, à ses yeux, constitue pour l'épiscopat français, une situation des plus difficiles et d'où peuvent sortir des conséquences redoutables. Il ne lui trouve pas de précédent dans l'histoire et en appelle même au concordat qui garantit à la religion catholique, apostolique et romaine son libre exercice, et au moins la liberté de publier les décisions et jugements prononcés en matière doctrinale par le chef de la catholicité : « S'il est permis en France, dit-il, d'outrager le Pape et de bafouer les doctrines dont il est l'organe, pourquoi serait-il défendu aux évêques de présenter ses actes aux croyants avec le respect et l'amour qui sont dus au premier représentant de Dieu sur la terre? »

M. le Breton, évêque de Puy, déclare aimer la France, aimer l'Empereur et son gouvernement, mais il aime aussi, plus que la vie, Jésus-Christ et son Église, et parce qu'il veut avant tout sauver son âme et ne reconnaître qu'à l'Église catholique et à son chef le droit de fixer l'enseignement de la vérité, il déplore sans s'y soumettre, des empiétements dont l'empire s'était jusqu'alors obtenu.

L'évêque de Langres, M. Guerrin, déclare adhérer de toute son âme aux enseignements contenus dans l'Encyclique « qui ne sont, au fond, que la doctrine constante de l'Église, organe infaillible de la vérité, et auxquels tous les fidèles sont tenus de se soumettre d'esprit et de cœur, sous peine d'être rangés, selon la parole du maître, parmi les païens et les publicains. »

L'évêque de Soissons, M. Dours, déclare « s'associer à ses collègues et partager leurs sentiments, tant sur l'Encyclique en elle-même, dont aucun catholique ne peut rejeter les décisions doctrinales, que sur la prohibition qui lui est faite de la publier, et qui blesse à ses yeux le droit divin des évêques, d'enseigner les fidèles et de leur transmettre les institutions du chef suprême de l'Église. »

M. de Levezou de Vezins, évêque d'Agen, veut bien rendre à César ce qui appartient à César, mais après avoir rendu à Dieu ce qui appartient à Dieu. Le Pape, suivant lui, n'a jamais voulu faire un acte d'hostilité contre l'Empereur, « envers qui il garde de vifs sentiments de reconnaissance, » ni attaquer la Constitution de l'empire.

M. Dubreuil, archevêque d'Avignon, déclare que plus il est dévoué à l'Empereur, plus il doit accomplir religieusement ses devoirs d'évêque, mais qu'en matière de mœurs, de discipline et de foi, il est et il sera toujours soumis à ce que prescrit le Saint-Père.

M. Bravard, évêque de Coutances, soutient que la défense qui lui est faite est une atteinte grave portée soit à ses devoirs d'évêque, soit aux principes généraux qui régissent les choses civiles et religieuses en France. Elle le met dans l'impossibilité de remplir l'obligation d'enseigner le clergé et les fidèles sur les choses bonnes, justes, vraies, saintes et sanitaires aux âmes : « Par cette interdiction, dit-il, vous nous créez une position humiliante, inacceptable en France.

» Vous nous traitez ainsi, monsieur le ministre, comme des parias de la parole évangélique, nous réduisant à faire un corps à part, isolé au milieu de nos diocèses, condamné à l'ignominie du silence et d'attaques inégales, n'ayant qu'à souffrir les injustices et les calomnies de nos ennemis. Vous nous obligez même à laisser nos fidèles douter de notre prudence, de notre désir du bien et de la pacification des esprits, de notre fidélité à nos sentiments envers l'Empereur, de notre volonté de rester bons Français tout en étant bons évêques.

M. Lecourtier, évêque de Montpellier, a écrit au ministre une lettre *très-confidentielle*, où il prend une attitude opposée à celle de ses collègues : « Si tout rescrit pontifical, dit-il, doit être accepté *avec une soumission absolue*, demain Rome peut nous envoyer la déposition de Napoléon III, comme Hildebrand priva Henri IV de l'empire et délia l'Allemagne du serment de fidélité, et il faudra que les Français catholiques se soumettent d'une manière absolue. C'est un système comme un autre, mais il un est peu étonnant en 1865.

« Plaignez-nous, monsieur le ministre, dit-il en terminant, nous élevés à la sainte et digne école de Saint-Sulpice ; plaignez surtout celui qui a, à sa gauche, la tirade hâtive de Carcassonne et à sa droite les éruptions du Gard, et derrière lui le tranchant de Rodez Cette lettre *doit rester* toute confidentielle, mais si le gouvernement ne réprime pas, quoique avec mesure, tous les timides vont parler, et on signalera une fois de plus à la haine des partis les quelques hommes sages qui savent allier avec une foi sincère l'honneur d'appartenir à l'Église de France. »

*
* *

Le « fils aîné » amoureux d'une gourgandine.

Dans une note pour l'Empereur sur la situation du clergé français en 1864, relativement aux affaires d'Italie et écrite par M. Rouland, ministre de l'instruction publique et des cultes, nous trouvons un piquant aperçu des intrigues du clergé pour fléchir « le fils aîné » et le rappeler à de meilleurs sentiments envers sa mère la sainte Eglise, qu'il délaissait pour courir la prétentaine avec une espèce de gourgandine qui avait pour amant de cœur Garibaldi, — nous avons nommé la révolution italienne :

Le ministre signale les doutes et les inquiétudes qui ont été transformées en agitation bruyante et systématique par les ultramontains et les ennemis de l'empire.

Le Pape demandait l'intervention du clergé et des fidèles pour défendre son pouvoir temporel. Les journaux religieux de Paris et des départements ont pris ardemment cette cause et exécuté ce mot d'ordre : « Gémir sur le sort du Pape, — représenter l'Italie centrale et les Romagnes comme labourées par toutes les folies révolutionnaires, — signaler l'impuissance de la France, — sous-entendre la connivence de l'Empereur, — en tous cas, manifester de la défiance pour ses intentions. » On s'efforça de prouver que le clergé catholique était un appoint considérable pour l'empire, et un élément presque souverain dans ses destinées.

Mais la France s'est irritée contre ce mouvement ultramontain et a réagi « contre toutes ces colères fulminées au nom de Dieu pour des préoccupations de territoire et d'argent. » M. Rouland représente le clergé en général comme sympathique à l'empire : « Il vénère et défend le Pape comme chef de l'Eglise, mais il sait à merveille que la sécurité religieuse est, comme la sécurité sociale, attachée à l'existence et à la force de l'Empereur, qu'il respecte et qu'il aime ; jamais il n'a vécu sous une administration plus libérale et plus loyale envers lui. »

Le parti ultramontain est la cause de la position difficile de la papauté : « Le jour où, transportant sur la tête d'un seul homme l'infaillibilité spirituelle qui n'appartenait d'abord qu'à l'Eglise, il en a fait le roi absolu des croyances et des consciences, il l'a constitué nécessairement le contrôleur souverain des peuples et des rois. »

Mais le « représentant de Dieu sur la terre » ne peut guère comparaître devant un congrès pour régler l'étendue de ses possessions territoriales et débattre sa conduite politique : « L'infaillibilité spirituelle mène droit à l'omnipotence temporelle. »

L'archevêque de Tours avait dit à M. Rouland :

Que le Pape devrait abandonner les Romagnes, source

d'embarras incessants, à la charge par l'Europe de garantir la neutralité sacrée du patrimoine de Saint-Pierre et les ressources pécuniaires pour entretenir Rome catholique et monumentale.

Enfin, le clergé français n'est pas encore devenu « une simple milice romaine. » Et le ministre propose à l'empereur d'user à son égard d'une « bienveillante fermeté, » de le soustraire aux violences du parti ultramontain, comme aux intrigues politiques. Toute l'agitation vient de *l'Univers* et de *l'Ami de la Religion*, qui exercent une sorte de dictature ecclésiastique ; et il regarde leur suppression comme nécessaire au repos du clergé et à la défaite du « parti religieux, » qui cherche à se placer à côté et au-dessus du gouvernement.

En revanche, il faudrait interdire aux journaux libéraux toute attaque contre le clergé.

Plus tard, on avisera à supprimer également la domination congréganiste, qui porte atteinte à la dignité et à l'indépendance du clergé séculier et des évêques.

Le 20 octobre 1866, M. de Sartiges a adressé à l'Empereur des observations sur la situation respective des gouvernements italien et romain vis-à-vis l'un de l'autre, vis-à-vis de leurs sujets et vis-à-vis de la France. Il rapporte les récriminations du Pape, accusant l'intervention de la France en Italie d'avoir ébranlé son trône.

Il ne voit de remède à cette situation que la réconciliation de la papauté avec l'Italie, en traitant sur les bases de l'Eglise libre dans l'Etat libre. Pensant à l'éventualité du départ du Pape renvoyé de Rome par ses voisins hostiles ou par ses sujets mécontents, il croit que le plus sûr asile serait pour lui l'île de Malte, où il attendrait que l'Empereur pût lui ménager un retour prochain, à la suite de négociations et de transactions, soit avec le gouvernement italien, soit avec le gouvernement provisoire établi à Rome.

*
* *

Occupation de Rome.

Nous faisons suivre une lettre un peu vieillotte par la date et la situation qu'elle expose, mais qui donne une assez juste idée des dispositions de Rome envers le Saint-Siége :

Lettre du comte Th. Walsh, en date du 17 *février* 1851, *au Président de la république.*

Habitant de Rome depuis des années, il croit avoir acquis des notions parfaitement exactes sur l'état politique de cette ville et sur la position qu'y occupe la France.

Les résultats de son enquête, en ce qui touche le Saint-Père, son autorité temporelle et l'esprit des populations, lui semblent des plus attristants. Il croit que le gouvernement temporel s'écroulerait aussitôt le départ des troupes françaises et que la république y serait de nouveau proclamée.

Cependant ceux qui entourent le Saint-Père doutent ou affectent de douter que la présence des Français soit nécessaire pour maintenir le pouvoir du Pape. Le philosophisme et le jacobinisme ont passé de la classe moyenne dans la masse du peuple, et la haute classe, la noblesse, se sentant impopulaire et ayant peur, ne ferait rien pour soutenir le gouvernement. « Je suis convaincu, dit M. Walsh, que 200 sicaires résolus et dirigés par un Mazzini feraient trembler Rome et suffiraient à contenir la population tout entière. »

Il signale l'attitude excellente de l'armée française, et regrette que les officiers n'aient pas un salon où ils puissent se réunir; que la femme de l'ambassadeur, M. de Reyneval, ne reçoive pas; que le général Gémeau ne reçoive qu'en petit comité; cette situation isole trop la société romaine de la société française.

Malgré sa bonne tenue, l'armée française y est mal vue par la grande masse de la population romaine, parce que nous soutenons un pouvoir qu'elle déteste et aspire à renverser, mal vue aussi par les conservateurs parce que nous avons délivré Rome sans eux : ce qu'ils croyaient pouvoir faire eux-mêmes.

En résumé, l'abandon de Rome serait le signal d'une révolution ou du triomphe de l'influence de l'armée autrichienne.

M. Walsh se plaint, en terminant, que l'Assemblée législative ait fait preuve d'un détestable esprit dans le choix de la commission de permanence qui serait composée, suivant lui, de *parleurs tracassiers*, *méfiants*, *intrigants et brouillons*. Dans tous les cas, vous ne tomberez pas, dit-il, vous descendrez noblement, s'il le faut, du poste élevé où vous ont appelé (*sic*) dix millions de suffrages; et votre rôle dans l'histoire contemporaine restera encore digne d'envie. Vous grandissez tous les jours tandis que les hommes de parti s'amoindrissent.

Vers cette même époque, c'est-à-dire à la date du 8 mai 1851, un certain lieutenant-colonel du génie nommé Frossard adressait au ministre de la guerre une note relative à l'installation des troupes françaises à Rome, au point de vue de la défense contre une insurrection populaire.

L'auteur signalait les sentiments hostiles de la population et des troupes romaines contre l'occupation française et proposait les moyens d'installation militaire les plus efficaces pour prévenir toute tentative d'insurrection.

Ce lieutenant-colonel du génie a été récompensé par l'Empereur et par Dieu comme il le méritait : il est devenu précepteur du prince impérial, et c'est lui qui a été mis le premier en déroute, avec son impérial élève, à l'ouverture de la guerre engagée par l'Empire clérical contre la Prusse protestante.

*
* *

Une dénonciation de haute volée.

Le 10 décembre 1862, un extrait de la lettre suivante fut envoyé au ministre de l'intérieur de la part de l'Empereur, qui chargea le chef de son cabinet d'appeler l'attention particulière du ministre sur cette dénonciation, émanée d'une

« personne que Sa Majesté croit digne de sa confiance. »

Lettre de M. le duc Doudeauville à l'Empereur, sur le préfet de Seine-et-Marne (le baron de Lassus-Saint-Geniès).

« 6 décembre 1862.

» Sire,

» Jamais une pensée personnelle n'a dirigé mes actions ni mes paroles ; mais il m'est impossible de ne pas gémir de voir un département aussi mal administré que celui de Seine-et-Marne.

» Le préfet, habituellement à ses plaisirs ou à Paris, néglige toutes les affaires. Il a contre lui son conseil général, toutes les autorités et même les bureaux.

» Il se refuse à intenter un procès à M. Pereire, qui s'est emparé d'un petit terrain appartenant aux communes.

« Votre génération est trop laide, disait-il à une commune dont les recrues ne lui plaisaient pas. » Je vous enverrai un régiment de cuirassiers pour améliorer votre race. » Cette plaisanterie de mauvais goût a révolté les habitants.

» Une autre fois, sa fille et sa femme étaient au bain. Un côté est réservé aux dames. Le préfet se présente. « On ne peut aller plus loin, » lui dit l'employé. « Cette défense n'est pas pour moi, » répond le préfet, et il passe outre, ce qui cause un grand scandale.

» On ne finirait pas si l'on voulait tout dire,

» Dans l'affaire de l'instituteur de Tournan, j'ai cent fois raison ; j'en donne ma parole, et la vérité se fait jour ; mais au fond que me fait à moi cette affaire?

» Le dernier inspecteur a soutenu mon opinion. On le remplace, et le ministre mal renseigné n'a même pas envoyé un employé supérieur de son ministère pour lui rendre compte. Voilà comme se rend la justice ! le préfet ayant trouvé le moyen de se faire l'intime de M. de Jaucourt, je savais bien d'avance qu'il l'emporterait sur celui qui, hors de toute intrigue, fait le bien pour le bien.

» Au nom de vos intérêts, Sire, comme aussi de ceux du pays, veuillez faire envoyer dans Seine-et-Marne un bon administrateur, actif, vigilant, et surtout résidant.

» Il n'y a qu'un cri contre l'autorité supérieure, et l'on accuse avec raison le gouvernement de négligence.

» Je suis, Sire, de Votre Majesté le très-humble serviteur,

» La Rochefoucauld, duc de Doudeauville.

» Château d'Armanvilliers, près Tourneau (Seine-et-Marne). »

*
* *

Les rapports du colonel Stoffel.

La condamnation de Napoléon III et des hommes d'Etat aussi ineptes que lui qui l'entouraient au début de la guerre, elle est écrite à chaque page dans les remarquables rapports du colonel Stoffel sur l'organisation comparée des armées prussienne et française, lesquels démontrent à toute évidence l'incontestable supériorité morale et matérielle de l'armée prussienne qui était sous tous les rapports, disait-il, *en plein entraînement*, et dirigée par un état-major dont il fallait se méfier.

M. le colonel Stoffel faisait partie de l'ambassade française à Berlin, en qualité d'attaché militaire ; il connaissait l'armée française puisqu'il en faisait lui-même partie, et il était en position mieux que personne de la comparer avec l'armée prussienne. Ses rapports auraient donc dû ouvrir les yeux à l'Empereur et le mettre sur ses gardes. Mais il fallait, pour détourner la France des idées libérales, la jeter dans une guerre nouvelle à la recherche de la gloire, et c'est alors que M. de Grammont, associé à un ministre de la guerre incapable et à son collègue « au cœur léger, » alla surprendre la bonne foi et le vote du Corps législatif en prétendant, sans pouvoir en fournir la preuve, que M. de Bismarck avait adressé à toutes les cours allemandes une *dépêche diplomatique* offensante pour la France, alors qu'il ne s'agissait que de la simple communication de la *dépêche télégraphique* suivante, extraite d'un journal, dans le but de faire connaître aux gouvernements étrangers la nature des demandes françaises et l'impossibilité pour la Prusse de les admettre :

Berlin, 15 juillet 1870.

« Après que la nouvelle de la renonciation du prince de Hohenzollern (à la candidature espagnole) avait été communiquée officiellement au gouvernement impérial français, l'ambassadeur de France a encore, à Ems, adressé la demande à S. M. le Roi de l'autoriser à télégraphier à Paris que S. M. le Roi s'engageait pour l'avenir à ne jamais donner son consentement, au cas où les Hohenzollern dussent revenir à leur candidature. Là-dessus, S. M. le Roi a refusé de recevoir de nouveau l'ambassadeur de France, et lui a fait dire par l'aide de camp de service que Sa Majesté n'avait plus rien à communiquer à l'ambassadeur. »

Tel a été, on doit s'en souvenir, le prétexte de la guerre.

Qu'on juge maintenant, par les rapports du colonel Stoffel, de l'immensité du crime qu'a commis le gouvernement impérial en engageant cette guerre :

DES ÉLÉMENTS DE SUPÉRIORITÉ DE L'ARMÉE PRUSSIENNE.

(23 avril 1868.)

Au milieu des études de toute nature auxquelles doit se livrer un officier placé dans ma position, il est une question qui se présente involontairement et sans cesse à son esprit :

Si la guerre venait à éclater demain entre la Prusse et

la France, l'armée prussienne aurait-elle, sous quelques rapports, soit comme organisation, soit comme instruction, soit comme esprit militaire, soit comme armement, etc., des éléments de supériorité sur l'armée française? Si ces éléments de supériorité existent, quels sont-ils? Enfin qu'avons-nous à faire pour ne pas rester dans un état d'infériorité?

Comme on voit, je laisse de côté, dans l'énoncé de la question, les éléments non appréciables à l'avance, tels que le commandement en chef, qui certainement est le plus important de tous, les effectifs dont les deux nations pourraient disposer, les ressources en tout genre des deux pays, etc. Je supposerai, pour plus de clarté, ces choses égales de part et d'autre. A ces conditions mêmes, la question que je désire traiter est des plus compliquées, car elle embrasse tous les détails de la constitution des armées.

Mon intention est de la réduire au plus simple et d'éviter de la poser dans des termes absolus comme seraient ceux-ci : Quelle est, des deux armées, la plus parfaite? Ordinairement ces questions ne sont ainsi formulées que par des esprits superficiels, incapables de comprendre que la réponse est impossible, tant sont nombreux les sujets de comparaison, et tant il en est parmi eux qui échappent à toute appréciation.

Je me bornerai donc à indiquer quels seraient au cas de guerre prochain, sous les divers rapports signalés plus haut, les éléments de supériorité qui constitueraient pour l'armée prussienne des avantages réels.

Les éléments de supériorité d'une armée sur une autre sont de deux espèces distinctes : les uns tiennent au caractère de la nation, à son tempérament, à ses traditions, à son histoire, au degré de son instruction générale, etc., je les appellerai *moraux ;* les autres résultent du mode d'organisation de l'armée, du degré d'instruction militaire des officiers, sous-officiers et soldats, du matériel de guerre, de l'armement, de l'équipement, etc.; ce sont des éléments *matériels.*

Je puis me dispenser de parler, sous ce double rapport, de l'armée française : les qualités qui la distinguent sont assez connues. En Prusse, tous les militaires éclairés reconnaissent que nos soldats l'emportent sur tous les autres par une individualité plus grande, par une intelligence plus vive, un élan incomparable; ils regardent l'insouciance, la gaieté française comme des qualités précieuses à la guerre ; ils avouent que nos soldats sont plus ingénieux et meilleurs marcheurs (1). D'autre part, ils admettent l'avantage que donnent à l'armée française une plus longue durée de service sous les drapeaux et la présence de vieux soldats dans ses rangs : ils nous envient surtout la composition de notre corps de sous-officiers (2).

Pour ne parler que de l'armement de l'infanterie, j'ai déjà fait savoir combien on se préoccupe en Prusse de la supériorité de notre fusil nouveau modèle, et les efforts qui se font pour arriver à perfectionner le fusil prussien.

J'en viens aux considérations sur l'armée prussienne.

ÉLÉMENTS DE SUPÉRIORITÉ MORAUX.

Sous le rapport moral, deux choses contribuent à donner à l'armée prussienne un avantage incontestable sur toutes les autres armées européennes : 1° le principe du service militaire obligatoire ; 2° l'instruction répandue dans toutes les classes de la nation.

SERVICE OBLIGATOIRE.

Il est inutile d'insister de nouveau (je l'ai fait longuement dans mes rapports de 1866) sur la valeur morale que donne à l'armée prussienne la présence dans ses rangs de toutes les classes de la nation, et cette conviction qu'armée et landwehr réunies représentent le peuple entier sous les armes. Quels que soient les défauts qu'on puisse trouver à l'organisation militaire de la Prusse, comment ne pas admirer ce peuple qui, ayant compris que pour les Etats comme pour les individus, la première condition est d'exister, a voulu que l'armée fût la première, la plus honorée de toutes les institutions, que tous les citoyens valides participassent aux charges et à l'honneur de défendre le pays ou d'augmenter sa puissance, et que ceux-là fussent par-dessus tout estimés et considérés ? (3) A ne parler que

(1) La Prusse est, en partie, un pays plat. Tout le monde sait que les habitants des plaines sont moins bons marcheurs que les habitants des pays accidentés. Cette différence a été sensible dans la guerre de 1866. Les corps d'armée de la Prusse orientale, de la Poméranie, du Brandebourg ont beaucoup plus souffert des marches à travers les défilés de la Bohême, que le corps de Silésie, par exemple.

(2) A la vérité, l'armée prussienne compte, comme la nôtre, des sous-officiers anciens de service, mais le nombre en est très-restreint, conséquence forcée du service obligatoire, qui exige que chaque année tout le contigent entre dans l'armée.

(3) J'ai souvent dit déjà qu'en Prusse tous les honneurs, tous les avan-

des officiers, quel bel exemple ils donnent à toutes les autres classes! Voit-on, comme ailleurs, les privilégiés par la naissance ou par la fortune vivre dans une oisiveté regrettable? Loin de là. Les personnes des plus riches familles, tous les noms illustres servent comme officiers, endurent les travaux et les exigences de la vie militaire, prêchent d'exemple, et, à la vue d'un tel spectacle, non-seulement on se sent pris d'estime pour ce peuple sérieux et rude, mais on en vient presque à redouter la force que donnent à son armée de pareilles institutions.

Instruction obligatoire.

Le principe de l'instruction obligatoire est adopté en Prusse depuis plus de trente ans, et on pourrait même dire depuis Frédéric le Grand; aussi la nation prussienne est-elle la plus éclairée de l'Europe, en ce sens que l'instruction y est répandue dans toutes les classes. Les provinces polonaises seules vivent encore dans une infériorité relative. En France, où l'on ignore si complétement toutes les choses se rapportant aux pays étrangers, on ne se doute même pas de la somme de travail intellectuel dont l'Allemagne du Nord est le théâtre. Les écoles populaires y abondent, et tandis qu'en France le nombre des centres d'activité et de production intellectuelles se réduit à celui de quelques grandes villes, l'Allemagne du Nord est couverte de pareils foyers, et, pour les énumérer, il faudrait descendre jusqu'à compter les villes de troisième et quatrième ordre.

Je ne m'appesantirai pas sur les avantages qu'apporte dans la composition de l'armée une instruction avancée, répandue dans toute la nation. Mais n'est-il pas singulier qu'en France, des personnes, dites éclairées, se refusent à les admettre? N'est-ce pas vouloir nier que l'instruction et l'éducation développe les facultés de l'homme et élèvent ses sentiments en lui donnant une plus haute idée de sa dignité? Ces personnes disent naïvement qu'une armée de soldats incultes, mais aguerris, battra une armée composée d'hommes même très-instruits, mais privés d'expérience de la guerre. Or, je le demande, quel est le général

tages, toutes les faveurs sont pour l'armée ou ceux qui ont servi. Celui qui, pour une cause quelconque, n'a pas été soldat n'arrive à aucun emploi; dans les villes et dans les campagnes, il est l'objet des sarcasmes de ses concitoyens.

qui hésiterait un seul instant si, *toutes choses égales* sous le rapport de la force physique, de la discipline, du nombre d'années de service, etc., il y avait à opter entre le commandement de deux armées de 100,000 hommes chacune, l'une composée entièrement d'élèves de l'Ecole polytechnique ou de Saint-Cyr, l'autre composée de paysans du Limousin ou du Berry?

Quand il n'y trouverait que l'avantage d'instruire plus vite ses troupes de dépôts, son choix ne serait pas douteux. Mais il y a plus, car c'est sous le rapport moral qu'une des armées vaudrait dix fois l'autre. Et, à ce sujet, je citerai ce que me rapportaient, en Bohême, au mois d'août 1866, des officiers et des sous-officiers prussiens. Fiers de leurs succès, ils les attribuaient en grande partie à la supériorité intellectuelle de leurs soldats, et ils me disaient : « Lorsque, après les premiers combats, nos soldats se trouvèrent pour la première fois en présence des prisonniers autrichiens qu'ils virent de près et interrogèrent ces hommes, dont beaucoup savaient à peine distinguer leur droite de leur gauche, il n'y en a pas un seul qui ne se regardât comme un dieu, comparé à de telles gens, et cette conviction décupla nos forces. »

Sentiment du devoir.

Je dois encore signaler une qualité qui caractérise tout particulièrement la nation prussienne, et qui contribue à accroître la valeur morale de son armée : c'est le sentiment du devoir. Il est développé à un tel degré dans toutes les classes du pays, qu'on ne cesse de s'en étonner, plus on étudie le peuple prussien. N'ayant pas à rechercher les causes de ce fait, je me borne à le citer. La preuve la plus remarquable de cet attachement au devoir est fournie par le personnel des employés de tous grades des diverses administrations de la monarchie; payés avec une parcimonie vraiment surprenante, chargés de famille le plus souvent, les hommes qui composent ce personnel travaillent tout le jour avec un zèle infatigable, sans se plaindre, sans paraître ambitionner une position plus aisée. « Nous nous gardons bien d'y toucher, me disait ces jours derniers M. de Bismarck, cette bureaucratie travailleuse et mal payée nous fait le meilleur de notre besogne, et constitue une de nos principales forces. »

ÉLÉMENTS DE SUPÉRIORITÉ MATÉRIELLE.

Services spéciaux organisés en permanence.

Comme élément de supériorité matérielle à l'avantage de la Prusse, je citerai d'abord la facilité que lui donne son organisation militaire pour créer certains services spéciaux, tels que les compagnies de porteurs de blessés, les compagnies de chemins de fer, les divisions télégraphiques, etc. J'ai fait connaître dans mes rapports de 1866 tous les détails relatifs à ces divers services ; j'en ai indiqué les fonctions et la composition en personnel et en matériel ; ici je me bornerai à rappeler que, grâce à l'institution de la landwehr, ces services sont organisés sans que l'effectif des combattants de l'armée s'en trouve diminué, et qu'ils le sont à l'avance, en temps de paix, d'une façon permanente. Un mot cependant sur les compagnies de porteurs de blessés. Nous ne les adoptons pas en France ; mais il serait question, je crois, de désigner dans chaque compagnie d'infanterie, au moment de l'entrée en campagne, quatre ou cinq hommes chargés du soin de relever les blessés.

C'est quelque chose, et pourtant on reconnaîtra que des compagnies organisées d'avance, avec des fonctions et une instruction bien définies, rendraient de meilleurs services. Si l'institution des compagnies de porteurs de blessés n'avait qu'un but philanthropique, on pourrait s'en passer ; mais leur influence dans les combats paraît incontestable. Qu'avons-nous vu, en effet, sur les champs de bataille d'Italie ? Dès qu'un soldat était blessé, ses trois ou quatre voisins quittaient les rangs, sous prétexte de l'emporter. Ce grave inconvénient ne serait-il pas diminué si les soldats savaient qu'un service suffisant et spécial se trouve organisé de longue main, dans de bonnes conditions, pour secourir les blessés sur le champ de bataille même ? En Prusse, on compose les compagnies de porteurs de blessés d'hommes de la landwehr, présentant toutes les garanties désirables de moralité et de bonne conduite. Il est à craindre que nos quatre ou cinq hommes par compagnie n'offrent pas ces garanties au même degré.

Tir de l'infanterie.

Si notre fusil modèle 1866 a toutes les qualités qu'on lui prête, non-seulement la France n'aura rien à envier à la Prusse, quant à l'armement de l'infanterie, mais elle lui sera supérieure. On ne saurait nier, cependant, qu'à comparer les tempéraments des deux nations, les feux de l'infanterie prussienne seront, toutes choses égales, plus redoutables que ceux de l'infanterie française. Le soldat prussien, moins impressionnable que le nôtre, tirera avec plus de sang-froid et de justesse. Cette conviction est répandue dans toute l'armée prussienne, et je l'entends exprimer très-souvent. J'ajouterai que nous ne saurions apporter une trop grande attention à l'instruction du tir. En Prusse, on y met un soin extrême. Il est délivré, à chaque bataillon, 120 cartouches par an et par homme, quelle que soit son ancienneté de service, plus 4,000 cartouches pour les exercices d'ensemble.

En outre, l'artillerie donne aux bataillons, qui, après le tir, lui rendent plus du tiers du poids des balles employées, un certain nombre de cartouches proportionnel à cet excédant. On fait tirer ces dernières aux moins habiles tireurs, d'où il résulte que chaque soldat consomme, par an, plus de 130 cartouches. Tous les officiers du régiment participent à l'instruction pratique et sont portés sur les registres du tir. Les colonels, les généraux assistent aux examens de fin d'année pour bien montrer l'importance qu'on attache à ces exercices, car on a compris, depuis longues années, que plus l'arme du soldat de l'infanterie est perfectionnée, plus il est nécessaire d'apporter de soins à l'instruction du tir.

Tir de l'artillerie.

Il faudrait en prendre notre parti si la guerre venait à éclater : le matériel d'artillerie prussien est très-supérieur au nôtre. A la vérité, nos affûts de campagne sont plus légers que les affûts prussiens ; nos pièces attelées sont plus mobiles ; mais les deux pièces de campagne prussiennes (le 4 et le 6) tirent beaucoup plus juste que les nôtres, et elles ont une portée plus grande. Le mémoire allemand que j'ai joint à mon rapport du 20 février dernier ne laisse subsister aucun doute à ce sujet. En outre, les pièces prussiennes peuvent tirer plus vite que les nôtres. D'où vient que bon nombre de nos officiers d'artillerie ne considèrent pas cela comme un avantage et prétendent que notre canon tire avec une vitesse suffisante. Comme s'il ne se présentait pas à la guerre des circonstances où il serait désirable de pouvoir lancer dans un temps donné, soit sur des troupes, soit contre de l'artillerie, un nombre de projectiles plus grand d'un quart ou d'un cinquième?

Quant à la plus grande justesse du tir des canons prussiens, c'est là un point tellement essentiel que j'en ferai l'objet d'un rapport spécial.

Pour ce qui concerne le personnel de l'artillerie prussienne, il n'est pas, comme instruction, à la hauteur du nôtre, par la raison que les artilleurs prussiens servent à peine deux ans dans l'armée active. Quant aux officiers, bien qu'à l'inverse de ce qui se voit en France, ils jouissent de moins de considération que ceux des autres armes, leur instruction militaire ne le cède en rien à celle des officiers français.

Artillerie prussienne et autrichienne.

C'est ici le lieu de parler, comme digression, d'une erreur accréditée depuis la guerre de 1866. On a écrit et répété que l'artillerie autrichienne est supérieure à l'artillerie prussienne. Ce jugement est de source autrichienne, ce qui aurait dû engager à s'en méfier. Pour qui connaît les faits de la campagne de Bohême et veut se rendre compte des choses, l'erreur est complète. Si l'on s'était borné à dire que, dans la guerre de 1866, l'artillerie autrichienne a causé plus de dommages à l'artillerie prussienne qu'inversement, on aurait raison.

La Prusse était en train de construire son nouveau matériel en acier (le 4 et le 6), elle fut obligée d'entrer en campagne avec un tiers de canons en bronze de 12 lisses. Or, ce dernier matériel ne fut d'aucune utilité, car il n'est pas une circonstance où les pièces de 12 lisses aient pu se mettre en batterie devant les pièces rayées et à longue portée de l'artillerie autrichienne Tous les officiers d'artillerie prussiens m'ont avoué qu'elles n'ont constitué qu'un véritable embarras depuis le premier jusqu'au dernier jour.

Par les circonstances stratégiques de la guerre, l'offensive, dans la plupart des combats, fut prise par les Prussiens : à Nachod, à Skalitz, à Trautenau, leurs divisions, en débouchant des défilés, trouvèrent les Autrichiens déjà formés, d'où il résulte que les difficultés durent être plus grandes pour l'artillerie prussienne, qui, sur un terrain inconnu, eut à choisir rapidement des positions convenables. La bataille de Kœniggrætz en offre l'exemple le plus frappant. L'artillerie autrichienne occupait d'avance, couverte par des épaulements, toutes les positions culminantes des hauteurs qui s'étendent de Maslowedod à Prim, tandis que l'artillerie prussienne, qui attaquait, eut à vaincre les difficultés qu'entraîne le choix rapide d'emplacements favorables sur un terrain dominé.

Ainsi donc, l'artillerie prussienne, pendant la guerre de Bohême, ne put tirer aucun parti du tiers de son matériel, et c'est à elle que fut dévolu le rôle difficile dans les divers combats.

Telle est la double raison pour laquelle l'artillerie autrichienne a, de fait, causé un grand dommage à l'artillerie prussienne. Mais, je le répète, il est faux de prétendre que la première lui soit supérieure. Le matériel prussien est meilleur, en effet, que le matériel autrichien, comme il résulte du rapport allemand que j'ai adressé le 20 février dernier, et les officiers d'artillerie prussiens sont plus instruits que les officiers d'artillerie autrichiens. J'ignore s'il y a une grande différence dans l'instruction des troupes.

Je n'ai voulu, par cette digression, que relever une erreur qui s'accrédite de plus en plus. Ce qui a pu contribuer à la faire naître, c'est qu'à Kœniggrætz, une partie de l'artillerie autrichienne a montré un dévouement héroïque, en essayant de couvrir la retraite vers la fin de la journée.

Voici d'après ce qui précède, le résumé des divers éléments de supériorité particulière à l'armée prussienne :

Sentiment profond et salutaire que le principe du service militaire obligatoire répand dans l'armée, qui renferme toute la partie virile, toutes les intelligences, toutes les forces vives du pays, et qui se regarde comme la nation en armes;

Le niveau intellectuel de l'armée plus élevé que dans aucun pays, grâce à une instruction générale plus vaste, répandue dans toutes les classes du peuple;

A tous les degrés de la hiérarchie, le sentiment du devoir beaucoup plus développé qu'en France;

Services spéciaux (compagnies des chemins de fer, compagnies de porteurs de blessés, télégraphie) organisés à demeure, avec le plus grand soin, et sans diminution du nombre des combattants;

Feu d'infanterie plus redoutable, grâce au tempérament particulier aux Allemands du Nord et aux soins extrêmes apportés à l'instruction du tir;

Matériel d'artillerie de campagne bien supérieur au nôtre, comme justesse, portée et rapidité de tir.

Supériorité de l'état-major prussien.

Mais de tous les éléments de supériorité dont la Prusse tirerait avantage dans une guerre prochaine, le plus grand, le plus incontestable, sans contredit, lui serait acquis par la composition de son corps d'officiers d'état-major.

Il faut le proclamer bien haut, comme une vérité éclatante, l'état-major prussien est le premier de l'Europe; le nôtre ne saurait lui être comparé. Je n'ai pas cessé d'insister sur ce sujet dans mes premiers rapports de 1866, et d'émettre l'avis qu'il était urgent d'aviser aux moyens d'élever notre corps d'état-major à la hauteur du corps d'état-major prussien. Persuadé que, dans une guerre prochaine, l'armée de l'Allemagne du Nord tirerait de la composition de son corps d'état-major de sérieux avantages, et que nous aurions à nous repentir cruellement peut-être de notre infériorité, je reviens sur cette question, selon moi la plus grave de toutes. Je ne le dissimulerai pas; ma conviction est telle à cet égard, qu'ici je jette le cri d'alarme : *Caveant consules!* Je croirai manquer à un devoir en agissant autrement.

Je vais donc faire connaître le mode de formation de l'état-major prussien et les principes qui lui servent de base. On comprendra facilement alors les raisons de la supériorité de ce corps sur celui de l'état-major français.

Lorsque j'arrivai à Prague, pendant l'armistice de 1866, c'est avec des officiers d'état-major que je nouai mes premières relations. Je fus tout d'abord frappé de leur mérite; chez tous, sans exception, je reconnus une intelligence remarquable, le savoir militaire le plus étendu. A mesure que je fréquentai un plus grand nombre de ces officiers, mon étonnement augmenta. A tous les degrés de la hiérarchie, je trouvai des officiers sérieux, pleins d'instruction et de jugement.

Il était intéressant de rechercher les causes d'un pareil fait et je me suis mis à étudier l'organisation du corps d'état major prussien.

Composition de l'état-major prussien.

En Prusse, il n'existe ni loi, ni règlement relatifs à la composition de l'état-major. On est parti de ce principe très-juste que, de tous les officiers de l'armée, ceux de l'état-major doivent être les plus intelligents et les plus instruits. S'il importe, a-t-on dit, qu'un officier commandant une compagnie ou un escadron n'ait pas des connaissances militaires très-étendues, il en est tout autrement pour un officier d'état-major. Ses fonctions si diverses, l'influence que ses rapports de toute nature peuvent exercer sur la décision des généraux, aujourd'hui surtout que les armées sont nombreuses et les théâtres d'opérations très-vastes, l'obligent à posséder une instruction variée et une aptitude spéciale (1).

Une fois admis ce principe que, de tous les officiers, ceux de l'état-major doivent être les plus capables, qu'a-t-on fait pour en faciliter l'application? On est convenu de recruter ces officiers parmi ceux de toute l'armée, à quelque arme qu'ils appartiennent, et de faire aux jeunes gens qui se présenteront des avantages sérieux sous le rapport de l'avancement, tout en se réservant la faculté de renvoyer de l'état-major ces officiers à un moment quelconque de leur carrière, s'ils ne fournissaient plus la preuve du zèle et de l'aptitude convenables. La conséquence de ces dispositions est forcément celle-ci : il ne se présente pour l'état-major que de jeunes officiers ambitieux, intelligents et travailleurs ; ambitieux, parce qu'ils désirent avancer plus vite ; intelligents et travailleurs, parce qu'ils savent qu'en ne satisfaisant pas aux études exigées, ils s'exposeront à être renvoyés au service de leur arme.

Pour bien comprendre le genre d'avantage qu'on fait aux officiers d'état-major, il faut savoir que l'armée prussienne n'a pas de loi sur l'avancement et qu'on n'y avance qu'à l'ancienneté. A la vérité, le Roi se réserve le droit de nommer par choix, au grade supérieur, un officier quelconque, mais il n'en use que très-exceptionnellement, et, comme la proportion du nombre des officiers ainsi promus ne dépasse pas 1/30e à 1/40e, on peut dire d'une manière générale, je le répète, que l'avancement des officiers n'a lieu qu'à l'ancienneté. Or, les officiers admis à l'état-major gagnent, en moyenne, sept ou huit ans sur les autres officiers de l'armée.

Recrutement des officiers d'état-major.

J'entre maintenant dans les détails propres à faire con-

(1) Frédéric, dans ses Mémoires, insiste beaucoup sur la nécessité d'avoir des officiers d'état-major instruits et intelligents. Il attribue aux défauts de ces officiers les pertes des batailles de Malplaquet et de Lutzen.

naître les mesures employées en Prusse pour composer le corps d'état-major.

L'armée prussienne, ou aujourd'hui l'armée de la Confédération de l'Allemagne du Nord, formée, comme on sait, de corps d'armée permanents, a aussi un chef d'état-major permanent : c'est le général de Moltke.

Il est, de plus, le chef presque absolu de l'état-major, considéré comme corps à part; c'est lui qui choisit les officiers destinés à y être admis et employés : c'est lui qui les nomme d'un grade à l'autre (le ministre se bornant à ratifier; c'est lui, enfin, qui les répartit dans les divers services de l'armée. Son pouvoir est discrétionnaire, pour ainsi dire, et cette situation, qui se comprendrait à peine en France, paraît ici toute simple, tant à cause du mérite et de l'intégrité reconnus du général de Moltke, qu'en raison de la composition de l'armée en corps permanent.

Tout lieutenant, quelle que soit son arme, à la faculté, après trois années de grade passées au régiment, de s'offrir pour entrer à l'Académie de guerre (*Kriegs-Académie*), instituée à Berlin. C'est une école d'enseignement militaire supérieur, sans égale en Europe, tant par le mérite des professeurs que par la nature et l'étendue des études. Ce n'est pas une école spéciale d'état-major, son but est plus vaste. Il consiste à familiariser des officiers de choix et de bonne volonté avec les parties élevées de l'art de la guerre, en leur donnant une instruction qui serve de base à leur développement intellectuel ultérieur, et qui les rende aptes au service de l'état-major et au commandement supérieur des troupes (1). Je me dispense, en joignant à ce rapport un exemplaire de l'*Instruction* qui vient de paraître, relative aux cours de l'académie, de donner le programme complet des études. Je dirai seulement qu'il embrasse les branches suivantes : tactique (théorique et appliquée), histoire des guerres, armement, fortifications passagère et permanente, histoire des siéges, levers de terrain (théorie et pratique), service de l'état-major : géographie militaire, administration ; et comme sciences accessoires, les mathématiques, la géodésie, l'histoire universelle, la littérature, les éléments de

(1) Aujourd'hui presque tous les généraux de l'armée prussienne sont d'anciens élèves de l'académie de guerre et les trois quarts ont servi dans l'état-major. La proportion ira en augmentant. — L'école polytechnique, celles de Metz et de Saint-Cyr, ne sont que des écoles spéciales, comparées à l'académie de guerre avec son programme si vaste.

philosophie, la géographie générale, la chimie, la physique expérimentale, enfin les langues française, anglaise et russe.

A la suite d'examens sérieux, auxquels se présentent environ 120 lieutenants chaque année (je prends des chiffres moyens), il en entre à l'Académie 40, tous avec le désir, plus ou moins avoué, de parcourir la carrière d'officier d'état-major. La durée des études est de trois ans, datant du 1er octobre.

Les cours de la première année durent neuf mois après lesquels les officiers rentrent à leurs régiments respectifs, où ils restent pendant les trois mois suivants (du 1er juillet au 1er octobre), pour prendre part aux manœuvres dites d'automne.

Il en est de même de la deuxième année.

C'est dans la troisième année que les élèves reçoivent plus particulièrement l'instruction nécessaire aux officiers d'état-major, et le dixième mois est employé à faire, sous la conduite des professeurs, de préférence dans un pays accidenté, un voyage dit voyage d'état-major : reconnaissances, appréciation du terrain, croquis militaires, campement des troupes, problèmes à résoudre, etc.

Premier choix fait parmi les élèves de l'Académie.

Ces trois années écoulées, tous ces lieutenants sans examens de sortie ni liste de classement, sont renvoyés à leurs régiments. Les professeurs et le directeur de l'Académie désignent au général de Moltke ceux qui se sont montrés les plus capables et les plus studieux. On en choisit douze, en ayant soin qu'il figure dans ce nombre des officiers des différentes armes (infanterie, cavalerie, artillerie), et, dans le courant de l'année qui suit leur sortie de l'Académie, on les détache pour six ou neuf mois chacun dans un régiment d'une autre arme que la sienne. Ceux qui, pendant ce stage, ont témoigné du zèle et de l'aptitude nécessaires, sont acceptés par le général de Moltke, qui les appelle à Berlin au grand état-major général *pour faire le service*, comme on dit ici. Ils conservent l'uniforme et le caractère d'officiers de leur arme. Le temps que ces officiers passent au grand état-major général (un an et demi ou deux ans) a une importance capitale pour leur carrière à venir, car ils sont là comme dans une école supérieure spéciale d'état-major, dont le chef est le général de Moltke lui-même. Celui-ci, en les instruisant, apprend à les connaître et à les juger. Il a soin de les familiariser successivement avec les travaux propres à chacune des six subdivisions qui composent le grand état-major général ; il leur fait des conférences, leur donne à rédiger des mémoires sur des sujets qu'il choisit, lit et critique ces productions devant les officiers réunis, sans jamais en faire connaître l'auteur, aussi bien pour ne pas froisser les moins instruits que pour ne pas exciter la vanité des plus capables.

Deuxième choix.

Après ce séjour des officiers au grand état-major général, le choix du général de Moltke est fait, mais sans que les officiers le connaissent. Il pourrait donner de suite le caractère d'officier d'état-major à ceux qu'il a reconnus les plus aptes à ce service ; mais pour ne pas froisser leurs concurrents, il renvoie une dernière fois, dans leurs régiments respectifs, tous les officiers indistinctement.

Ces derniers y sont laissés et continuent la carrière dans leurs armes, en ne conservant que le souvenir des épreuves subies : les autres sont promus, après quelques mois, au grade de *capitaine* et désignés comme officiers de l'état-major, dont ils revêtent l'uniforme.

Promotion au choix au grade de capitaine.

Le général de Moltke, toujours comme major général permanent de l'armée, répartit ces capitaines, selon les besoins, dans les différents services. Il conserve les uns au grand état-major général, en les employant à des travaux pour lesquels ils ont montré des dispositions particulières, et il envoie le plus grand nombre aux états-majors des corps d'armée ou des divisions, dont ils auront à apprendre le service spécial. Mais on se garde bien, dans ces états-majors, de charger ces officiers de travaux d'écritures qui absorberaient leur temps. Ces travaux sont faits par des sous-officiers et des soldats, sous la seule surveillance des officiers qui peuvent ainsi, à l'encontre de ce que nous voyons en France, consacrer leur temps à des choses plus utiles et plus dignes d'eux.

Au bout de deux ans ou deux ans et demi, ces capitaines cessent de faire le service d'officiers d'état-major, et, pour éviter de les mettre en contact avec leurs anciens camarades de régiment, qu'ils ont devancés, on les place dans un régiment autre que celui où ils avaient servi comme lieutenants. Là, chacun reçoit, selon son arme, le commandement d'une compagnie, d'un escadron ou d'une batterie.

Promotion au choix au grade de chef d'escadron.

Après deux ans moyennement de ce service dans la troupe, ils sont promus au choix au grade de chef d'escadron, et reprennent la qualité et l'uniforme d'officier d'état-major. Le général de Moltke les emploie comme tels, selon les besoins du service, soit à l'armée dans les états-majors, soit à Berlin à l'état-major général.

J'insisterai sur le système d'épreuves et d'épuration continuelles auquel le corps d'état-major est soumis ; car si l'on venait à reconnaître que parmi les capitaines employés, comme je l'ai dit plus haut, soit au grand état-major général, soit aux états-majors de corps d'armée ou de division, il s'en trouvait dont le zèle se fût ralenti ou dont l'aptitude générale eût été appréciée trop haut, on ne les nommerait pas au choix chefs d'escadron, et on les laisserait au service de leur arme, sans jamais les remployer comme officiers d'état-major.

Avant d'aller plus loin, je dirai que ce qui constitue le grand avantage fait aux officiers d'état-major, c'est précisément le passage rapide du grade de capitaine à celui de chef d'escadron. Ils gagnent d'un de ces grades à l'autre moyennant six à sept ans ; ils avaient gagné un an à leur promotion comme capitaine ; total sept à huit ans (1).

Passage alternatif de l'état-major à la troupe.

Parvenus au grade de chef d'escadron, les officiers d'état-major n'ont plus, comme avancement, d'avantages particuliers ; mais, chose digne de remarque, ils restent soumis à cette règle constante qu'à tous les degrés de la hiérarchie, ils ne sont promus au grade supérieur qu'après être sortis chaque fois de l'état-major, pour rentrer, un an, au moins, au service de l'arme. Ainsi, un an, au moins, avant l'époque où il pourra être nommé lieutenant-colonel, le commandant d'état-major reçoit le commandement effectif d'un bataillon ou de plusieurs escadrons ou de plusieurs batteries ; de même, le lieutenant-colonel est placé

(1) Comme on doit le penser, ces officiers sont un sujet de jalousie pour le reste de l'armée. Mais ce sentiment n'est que très-limité, parce qu'on tient compte aux officiers d'état-major de leur mérite réel et des travaux incessants auxquels ils sont soumis.

à la tête d'un régiment d'infanterie, de cavalerie ou d'artillerie, un an environ avant sa promotion au grade de colonel.

Ces officiers ne perdent donc ni l'habitude du cheval, ni celle du commandement des troupes.

Officiers d'élite recherchés pour l'état-major dans toute l'armée.

Mais là ne se bornent pas les soins de toute nature employés pour constituer un corps d'état-major d'élite. Les officiers dont il a été question jusqu'ici proviennent tous d'une même origine : ce sont 12 élèves choisis sur 40, qu'on avait admis à l'académie de guerre, sur 120 qui s'y étaient présentés. Or, on s'est dit que parmi les nombreux lieutenants de l'armée, ayant trois années de grade, il se trouve sûrement des sujets distingués qui, par une raison ou par une autre, ne se sont pas présentés à l'académie, et que, même parmi les 80 exclus, il peut s'en rencontrer de très-capables : on n'a pas voulu négliger cette autre chance de recruter de bons officiers pour l'état-major, et voici comment on agit :

Les colonels de l'armée sont invités à proposer aux généraux, et ceux-ci au général de Moltke, les officiers de leurs régiments qui se distinguent par l'étendue de leurs connaissances, le goût du métier ou leurs aptitudes, et il faut le dire que, sur ce point, il y a plutôt à modérer qu'à exciter le zèle des chefs de corps, qui désirent généralement faire valoir leurs officiers et leur procurer un avancement rapide. Le général de Moltke envoie aux officiers désignés des questions à étudier, des problèmes à résoudre, et, s'il les juge capables, il les appelle auprès de lui au grand état-major général. S'ils lui donnent là des preuves de qualités réelles, le général de Moltke les nomme officiers d'état-major et les emploie en conséquence. Dans le cas contraire, il les renvoie à leurs régiments, où ils sont pendant quelque temps, il est vrai, le sujet des plaisanteries de leurs camarades.

J'ai dit plus haut que, dans les états-majors des corps d'armée et des divisions, les travaux d'écriture, stérile occupation pour des officiers, sont faits par des sous-officiers et des soldats, ce qui permet aux officiers d'employer leur temps d'une façon plus utile. Effectivement, en dehors du service proprement dit, les généraux leur donnent des questions militaires à étudier, et annuellement le chef d'état-major de chaque corps d'armée fait avec tous les officiers un voyage dit d'état-major, pour confirmer ou étendre les connaissances acquises. Les officiers du grand état-major général de Berlin font aussi, sous la direction même du général de Moltke, tantôt dans une province, tantôt dans une autre, un voyage semblable, dont la durée est de quinze jours à trois semaines.

Motifs de la supériorité de l'état-major prussien.

On doit comprendre, par ce qui précède, les raisons de la supériorité du corps d'état-major prussien : 1° le choix se fait sur toute l'armée, puisque tous les lieutenants, sans distinction d'arme, sont appelés à concourir ; 2° il ne se présente que des officiers ambitieux, intelligents et travailleurs ; ambitieux, car ils désirent avancer rapidement ; intelligents et travailleurs, car ils savent qu'on les soumettra, pendant toute la durée de leur carrière, à un système d'épuration et à un travail incessants.

C'est ainsi qu'en partant de ce principe juste, qui veut que les officiers d'état-major soient l'élite de l'armée, et qu'en l'appliquant à l'aide d'un moyen simple, celui d'un avantage fait aux officiers d'état-major sous le rapport de l'avancement, la Prusse est parvenue à composer le corps le plus instruit de l'Europe. Plus j'ai d'occasions de le comparer au nôtre, plus je suis frappé de sa supériorité. Non pas que notre état-major ne compte des officiers aussi distingués que les meilleurs de l'état-major prussien : mais celui-ci n'en a pas de médiocres, et combien, au contraire, n'en comptons-nous pas dont l'instruction est plus qu'insuffisante ! Combien n'en trouve-t-on pas chez nous qui ne savent pas lire sur une carte, qui n'ont aucune connaissance des manœuvres des diverses armes, qui n'ont jamais étudié une campagne des temps modernes ; qui, enfin (on a pu le voir dans la campagne de 1859), ne savent même pas choisir un campement convenable pour une brigade d'infanterie ou un régiment de cavalerie (1) ! Ici, rien

(1) On pourra croire que j'exagère, et on dira peut-être que, pour bien choisir le campement des troupes, des officiers d'état-major prussiens qui n'ont pas fait la guerre ne s'en tireront pas mieux que les nôtres. Mais niera-t-on les avantages de ces voyages d'état-major faits, soit par les élèves de l'académie, soit par les officiers d'état-major des corps d'armée, soit par ceux du grand état-major général sous la direction du général de Moltke, voyages où sont posées et résolues toutes les questions relatives à la connaissance du terrain, au campement des troupes, à la fortification, etc.?

de pareil : de tels officiers ne seraient pas admis dans l'état-major, ou bien on les exclurait aussitôt leur incapacité reconnue.

Il ne m'appartient pas d'indiquer les moyens de relever de son infériorité notre corps d'état-major, mais je cherche en vain de quel principe nous partons comme base de son organisation. Admettons-nous, comme en Prusse, que les officiers d'état-major doivent être l'élite de l'armée? Nullement. Chez nous, le recrutement des officiers d'état-major est laissé au hasard d'un seul examen passé à vingt et un ans, puisque nous les prenons, en majeure partie, parmi les premiers numéros sortis de Saint-Cyr.

Franchement, y a-t-il là pour toute la durée d'une carrière qui, selon le précepte prussien, n'admet pas de médiocrité, la moindre garantie d'un jugement sain, d'un goût prononcé au travail, d'une aptitude spéciale? Et pourtant ces jeunes gens sont et resteront officiers d'état-major quand même jusqu'à leur retraite. Qu'après leur sortie des écoles, ils ne manifestent aucun goût pour l'état militaire, aucune disposition, qu'ils s'adonnent à la paresse et vivent dans l'ignorance, qu'importe? nous confierons pendant la guerre à ces officiers incapables ou dégoûtés les fonctions qui exigent le plus d'activité, le plus de jugement, les connaissances les plus étendues! Voilà cependant où nous conduit l'absence de tout principe. Comme on comprend tout autrement en Prusse ces importantes fonctions! Je le répète, on y excuse la paresse ou la médiocrité chez un officier quelconque, hormis celui de l'état-major. Et, pour ne parler que des aptitudes physiques, croit-on rencontrer ici, comme en France, des officiers hors d'état de faire une lieue à cheval à grande vitesse? Je suis de près ce qui concerne l'état-major prussien, et j'affirme que le général de Moltke exclurait de cette arme, sur-le-champ, tout officier impropre au service à cheval. Lui-même donne l'exemple et monte à cheval tous les jours.

En général, et il importe de ne pas l'ignorer en France, on prend ici incessamment les soins les plus minutieux pour qu'en toutes choses, civiles ou militaires, les détails d'organisation et d'exécution approchent de la perfection. Mais ces soins se portent particulièrement sur l'armée. C'est l'application constante du principe laissé par le grand Frédéric à ses successeurs : « Il faut que la Prusse soit toujours en vedette. » S'il m'était permis d'employer à ce sujet une comparaison tirée du vocabulaire des courses de chevaux, je dirais qu'aujourd'hui la nation prussienne est, sous tous les rapports, en *plein entraînement.*

Mon intention n'est pas d'insister sur tous les détails défectueux particuliers à notre corps d'état-major, sous le double rapport de l'organisation et de l'instruction ; mon but est simplement de faire comprendre les raisons qui placent l'état-major prussien bien au-dessus du nôtre. Cependant, comment ne pas s'affliger de la position faite à ces nombreux officiers qui, en France, passent des années entières, celles où l'homme jouit de toute la plénitude de ses facultés, dans un bureau d'état-major général, occupés exclusivement à un travail d'écritures que ferait aussi bien tout sous-officier intelligent? Que de temps, que d'intelligence perdus ! Et comment s'étonner, après cela, que nos officiers servent de sujet de risée, même à des feuilles militaires autrichiennes, comme on peut s'en convaincre en lisant certains numéros du *Camarade*, publié à Vienne. Elle les appelle des *encroûtés*, qualifient leurs fonctions d'*indignes* d'un officier, et se moquent de leur attitude devant la troupe. Quant aux officiers prussiens intelligents, ils s'étonnent d'autant plus du mode d'organisation de notre état-major, qu'ils rendent pleine justice à notre armée sous d'autres rapports. Mais ils se refusent à comprendre qu'on sort officier d'état-major quand même, par le seul fait d'avoir passé, à 21 ans, un bon examen de sortie d'une école militaire; ils n'admettent pas qu'un officier d'état-major ne puisse pas faire, au besoin, plusieurs lieues de plein galop, qu'il ne parle pas au moins une langue étrangère (1), qu'il n'ait jamais commandé ni une compagnie, ni un bataillon, ni un régiment, et ils m'en expriment souvent leur surprise.

Et maintenant, est-ce à dire qu'il faille adopter pour notre état-major l'organisation prussienne? Evidemment non. Y songeât-on, qu'on en serait empêché par le mode d'avancement général des officiers de l'armée, qui est tout autre chez nous. Mais un même problème (il consisterait ici à former le meilleur état-major possible) a souvent plusieurs solutions, qui dépendent des données premières. En supposant que nous reconnaissions la nécessité de perfectionner notre état-major, la première question serait de

(1) Voir, à ce sujet, page 65 de l'*Instruction* jointe à mon rapport, les raisons pour lesquelles il est nécessaire que tout officier d'état-major prussien sache le français. Les mêmes raisons obligeraient tout officier d'état-major français à savoir l'allemand.

savoir si le principe posé en Prusse, principe qui exige que l'état-major soit l'élite de l'armée, ne doit pas être adopté comme éminemment juste. Ce principe admis, les conséquences, comme application, en découleraient sans grande difficulté.

Je terminerai le présent travail en déclarant que, dans ma conviction, il est urgent d'aviser au moyen de relever notre corps d'état-major de son état d'infériorité. Soit dit encore une fois, cette infériorité est trop réelle, trop évidente pour quiconque voudra se donner la peine d'étudier l'état-major prussien. Et c'est sans exagération, après un examen approfondi, après mûre réflexion, que j'ai dit plus haut : La composition de l'état-major prussien constituerait, dans une guerre prochaine, le plus sérieux élément de supériorité en faveur de l'armée prussienne.

J'ai été à même, lors de mon séjour en Bohême, et depuis, de connaître bien des faits qui, par leur caractère individuel, ne peuvent trouver place dans les relations officielles de la guerre de 1866. Il en est résulté pour moi cette vérité incontestable : c'est que les armées prussiennes ont dû une grande part de leurs succès aux officiers d'état-major. On n'exagérerait pas en disant que ce sont ces officiers seuls qui ont dirigé la campagne de 1866. Que de faits je pourrais citer où les officiers qui composaient, soit les grands états-majors généraux, soit des états-majors de corps d'armée, ont donné les preuves les plus réelles d'un jugement droit, d'une véritable intelligence de la guerre, d'un zèle extrême ! Sans parler du général de Moltke, quel est le général en chef qui ne s'estimât très-heureux d'avoir pour chef d'état-major, soit le général Voigts-Rhetz, soit le général de Blumenthal, officiers de la plus haute distinction, qui remplissaient ces fonctions pendant la campagne, l'un à la première, l'autre à la deuxième armée ? Et que de qualités précieuses, que de connaissances de toute nature chez les officiers d'état-major, colonels, chefs d'escadrons, capitaines, qui servaient sous leurs ordres ! Je n'en connais pas un que tout général ne fût heureux d'employer à la guerre. Quelle garantie, je dirais presque quelle assurance et quelle tranquillité ne donnent pas à un général en chef des états-majors ainsi composés d'officiers intelligents, instruits et dévoués à leurs devoirs !

Ma conviction est trop entière pour que je ne l'exprime

pas une dernière fois : *Méfions-nous de l'état-major prussien !*

Berlin, 23 avril 1868.

DU DÉSARMEMENT.

Ceci m'amène à dire quelques mots de cette singulière question du *désarmement* des puissances, question qu'on soulève de temps à autre, et dont les journaux s'occupent aujourd'hui plus que jamais. Quelle absence de sens commun dans les articles que ces journaux donnent en pâture à l'avidité publique ! Quelle ignorance des institutions des pays étrangers ! On ne se demande même pas ce qui constitue pour une puissance un désarmement, et on confond ce mot avec celui de licenciement.

Il faut reconnaître qu'on a quelque peine à donner du mot *désarmement* une définition précise. D'abord, comme il n'y a pas deux puissances dont l'organisation militaire soit la même, il ne saurait avoir exactement le même sens pour elles. Ensuite, à ne considérer qu'une même puissance, la France, par exemple, qu'est-ce qui constitue au juste un désarmement, et où commence-t-il? Est-ce un licenciement, ce qu'on regarde d'ordinaire comme équivalent à un désarmement? Encore faudra-t-il savoir ce qu'on licenciera. Sera-ce une partie de l'armée qui est sous les drapeaux, ou une partie de la réserve? Le licenciement sera-t-il provisoire ou définitif, sans rappel possible? Tout cela paraît bien vague.

En cherchant au mot désarmement une signification précise qui s'applique à tous les pays, on ne trouve que celle-ci : diminution dans l'effectif des hommes qu'une puissance instruit et réserve pour la guerre. Le désarmement sera partiel, si cette puissance diminue son effectif dans une certaine proportion ; il sera total si elle ne forme plus aucun soldat et qu'elle se borne à n'entretenir qu'une sorte de gendarmerie pour l'intérieur. Or, ce dont nos journalistes ne se doutent même pas, c'est qu'un désarmement partiel ou total, chose concevable, c'est-à-dire possible, pour la France, l'Autriche, l'Italie, l'Angleterre, en un mot pour toutes les puissances, est absolument impossible pour une seule, la Prusse.

Le mot de désarmement appliqué à la Prusse n'a, en effet, aucun sens. Pourquoi cela? A cause du principe du service obligatoire pour tous, principe fondamental des institutions militaires prussiennes, et l'on peut ajouter, de l'existence sociale de la nation. Il exige que *tous les citoyens valides* passent trois ans dans l'armée active, comme dans une école de guerre, et qu'ensuite ils servent quatre ans dans la réserve et cinq ans dans la landwehr. Autrement dit, tous les jeunes gens valides de vingt ans, c'est-à-dire 93,000 hommes (le contingent de 1868 pour la Confédération de l'Allemagne du Nord, était de 92.886 hommes), entrent chaque année dans l'armée ; ils y sont instruits pendant trois ans au métier des armes, et, cette instruction reçue, ils restent pendant neuf ans à la disposition de l'État.

La Confédération du Nord a, de la sorte, et comme conséquence de ses institutions, 300,000 hommes de 20 à 23 ans qu'on instruit au métier de la guerre ; plus 600,000 hommes de 23 à 32 ans, qui ont été complétement instruits. Total : 900,000 hommes.

*
* *

Exeat.

Un journal de Bruxelles a reçu le récit authentique ci-dessous de la fuite de l'Impératrice des Tuileries, de Paris et de la France, récit attestant que la belle amazone des cirques de l'Andalousie, — qui s'est, du reste, en diverses circonstances, montrée si hardie et si courageuse, — a couru plus vite encore, lorsqu'eut sonné l'heure fatale, que Louis-Philippe lui-même, lequel passait jusqu'ici pour le souverain de France qui s'était éclipsé le plus lestement. Nous ne voulons faire qu'une remarque au sujet de cette fuite, en compagnie d'un arracheur de dents (ô destinée !), c'est que si l'Impératrice, dans son trouble, a réellement oublié son porte-monnaie en quittant les Tuileries, son mari, en prévoyant chef de famille, avait eu bien soin de faire enlever la caisse par les fourgons de la cour, même avant Sedan, ce qui, pour se distinguer de François Ier, lui a permis de se dire, en remettant son épée au roi Guillaume : *Tout est perdu fors... la caisse!*

Nous laissons parler le correspondant :

C'était le 4 septembre 1870, un dimanche, le jour de la dernière révolution de Paris.

Vers 9 heures du matin, aux Tuileries, dans le pavillon Marsan, se trouvait l'impératrice, qui attendait, soucieuse, que l'on vînt procéder à sa toilette, pour se rendre à la grand'messe de Saint-Germain-l'Auxerrois.

Elle attendait et, dans ses moments de distraction, s'impatientait de ce que, à son grand étonnement, personne ne répondît aux ordres qu'elle avait donnés.

Se présente enfin Mme Lebreton, son amie dévouée, qui lui fait sur l'état de Paris le plus sombre tableau Le peuple réclamait à grands cris dans les rues la déchéance de l'Empereur ; il protestait avec les mêmes cris contre la Régence ; c'était la République qu'il voulait. Partout des groupes menaçants se formaient, peut-être les Tuileries seraient-elles bientôt envahies. Mme Lebreton, les larmes aux yeux et l'angoisse dans l'âme, supplia l'Impératrice de prendre la fuite pendant qu'il était encore temps.

L'Impératrice, quoique émue, chercha à la calmer, en lui assurant que Trochu veillait sur elle, qu'il lui avait promis de la protéger; qu'il était homme d'honneur; qu'elle comptait sur sa parole; que certainement il ne manquerait pas, si un danger réel survenait, de lui envoyer au moins quelqu'un pour l'avertir de ce qu'il jugerait opportun de faire.

Entre-temps, la révolution s'accentuait, la foule s'animait, se massait; les clameurs de vive la République parvenaient jusqu'aux oreilles de l'Impératrice et de sa fidèle compagne.

Mme Lebreton revint à ses supplications. Sa maîtresse resta inébranlable, « J'ai confiance en Trochu, ne cessait-elle de répéter. Il est soldat, il ne m'abandonnera pas »

Ce n'est que vers une heure, lorsque la place du Carroussel fut envahie par le peuple, huant le gouvernement impérial et la régente, que l'Impératrice, convaincue enfin du danger, et, à ce qu'elle assure, de la défection de Trochu, écouta Mme Lebreton.

Elle sonna ses femmes, sonna longtemps : Aucune ne vint. Mme Lebreton, inquiète, parcourut toutes les pièces environnantes. Personne ! Tout ce qu'elle vit, ce fut des meubles renversés, des tiroirs ouverts.

Alors l'Impératrice se sentit faiblir et elle se prit à sangloter.

Elle était bien abandonnée de tout le monde, même de ses laquais. Abandonnée en ce moment !

Où donc étaient-ils ces hommes que l'empire avait fait grands, qu'il avait tirés, Dieu sait d'où, pour les placer aussi haut que possible ? Où étaient... ne prononçons aucun nom, contentons-nous de raconter.

Ici cependant une remarque On a beaucoup dit que le prince de Metternich avait aidé l'Impératrice à fuir. Non ! Que M. de Lesseps l'avait secourue, non !

La pauvre femme, car de ce moment, elle ne doit plus être considérée que comme femme, s'est enfuie seule, avec son admirable amie.

Elles ont employé une heure à traverser les galeries, les cabinets, les longs couloirs de l'énorme palais, pâlissant à chaque bruit qu'elles croyaient entendre autour d'elles, n'osant passer devant les fenêtres, de peur d'être aperçues de l'extérieur, s'arrêtant à chaque instant, indécises, sur leur chemin, s'encourageant, se soutenant, fuyant plus vite chaque fois que les cris de la foule venaient jusqu'à elles

Enfin, épuisées, elles arrivèrent sous la colonnade du Louvre, devant le grand escalier. Elles étaient à la rue. Alors seulement elles songèrent à se regarder et un cri d'effroi leur échappa : dans leur précipitation et leurs angoisses, elles avaient oublié de se vêtir ; elles l'étaient de façon à ne pouvoir faire dix pas dans la rue sans être remarquées.

L'Impératrice était en peignoir, elle n'avait qu'un filet de gaze sur la tête.

Au même moment, avant qu'elles eussent descendu la première marche de l'escalier, retentit à côté d'elles le cri : l'Impératrice !

L'Impératrice pâlit et s'écria : « Nous sommes perdues. »

Mme Lebreton, gardant son sang-froid, se retourne vers celui qui avait poussé le cri. C'était un monsieur, parfaitement mis et ganté. Elle lui jeta un regard suppliant. Le gentleman comprit et fit semblant de ne plus les voir.

Au bas de l'escalier, se trouvait un fiacre ; descendre et s'y jeter fut l'affaire d'un instant.

Le cocher étonné et peut-être soupçonneux, se mit à examiner les deux femmes. L'impératrice, dominant sa terreur, lui cria brusquement : Boulevard Haussmann, 30.

Le fiacre partit. En chemin, alors déjà qu'elles se sentaient une lueur d'espoir, Mme Lebreton demanda tout à coup à sa maîtresse si elle avait de l'argent?

— Oh! mon Dieu! ai-je pensé à cela, répondit l'Impératrice.

Mme Lebreton tâta ses poches. Une sueur froide vint au front des deux femmes.

— Sauvées! s'écria Mme Lebreton. Elle avait trouvé deux pièces de 5 fr.

La voiture s'arrêta à l'endroit désigné. Au même moment arrivait au pas un autre fiacre. Le cocher reçut cinq francs; on le laissa s'éloigner, on appela l'autre : Avenue de l'Impératrice, n°... « J'ignore le n° », s'écria encore l'Impératrice.

Là, elles se trouvèrent devant la porte de M. Evans, dentiste de la cour.

C'était pour dépister le premier cocher que l'Impératrice avait d'abord désigné le boulevard Haussmann.

Elles sonnèrent chez M. Evans. Un laquais leur vint ouvrir. — Monsieur n'était pas là... Que désireraient ces dames?

Et le laquais semblait vouloir leur fermer la porte quand l'Impératrice, d'un ton assuré, imposa encore à ce nouveau curieux.

— Nous sommes Américaines, dit-elle, M. Evans nous a donné rendez-vous chez lui à deux heures.

M. Evans est à ce qu'il paraît un yankee opulent, sportsman de haute distinction, s'étant par son caractère franc, original, expansif, procuré aux Tuileries ses grandes et petites entrées.

Les dames furent conduites dans un cabinet où elles attendirent une heure. M. Evans rentra.

Son laquais lui annonça que deux Américaines très...

M. Evans, qui venait des Tuileries où il avait vainement cherché l'Impératrice, eut un éclair de devination.

— Ah! oui! je sais Elles viennent encore m'ennuyer de leurs jérémiades; nous tâcherons de leur faire passer l'Atlantique le plus tôt possible.

Et il entra dans le cabinet.

M. Evans est Américain et sportsman; c'est assez dire qu'il est homme de décision. — Allons, mesdames, à l'œuvre. Ma femme est à Dieppe, vous devrez donc vous chercher seules, robes, bottines et tout ce qu'il vous faut. Je vais entre-temps faire atteler mes meilleurs chevaux, et nous partons dans une demi-heure pour Trouville.

Et il les conduisit au cabinet de toilette de sa femme.

Hélas ! Mme Evans, en vraie Américaine, avait pris toute sa garde-robe avec elle

Il y aurait eu moyen d'envoyer aux Tuileries chercher ce qu'il fallait, mais M Evans ne l'entendait pas ainsi. C'était partir à tout prix et à l'instant qui était nécessaire. Les dames se restaurèrent rapidement, s'enveloppèrent dans des plaids, s'arrangèrent au mieux, la voiture partit et vola hors de la ville, roulant jusqu'à ce que les chevaux tombèrent. Des relais étaient déjà commandés par la poste ou le télégraphe, on descendit à Evreux, en d'autres endroits encore et enfin on arriva à Trouville.

L'Impératrice et sa compagne furent conduites à l'hôtel. M. Evans se rendit au port.

Il y avait deux yachts dans le port. M. Evans s'adressa au plus grand. Il proposa le départ immédiat pour l'Angleterre.

Dans son impatience, a-t-il été un peu pressant? Il le suppose, car il lui fut assez impoliment répondu.

Il s'adressa au propriétaire de l'autre yacht ; sir J. Burgoyne. Celui-ci refusa de partir, prétextant que sa femme tenait à rester avec lui à Trouville.

M. Evans insista. Inutile. Il prit alors le parti de tout confier à l'Anglais, qui en homme de cœur, jura que tout irait pour le mieux.

Quelque temps après, l'Impératrice abordait à l'île de Wight.

Sir J. Burgoyne a raconté lui-même la fin de cette histoire dans les journaux anglais. Ne doutez pas des autres détails : ils sont vrais, je le répète, de point en point.

M. Evans est venu depuis en Allemagne, où il a vu M. Bancroft, ministre des Etats-Unis, à Berlin. Je ne vous dirai pas que c'est de lui que je tiens l'histoire.

www.ingramcontent.com/pod-product-compliance
Ingram Content Group UK Ltd.
Pitfield, Milton Keynes, MK11 3LW, UK
UKHW020354230726
13925UKWH00003B/1124